Proverbes

Carmontelle

Proverbes

texte établi et présenté par
Sylvain Ledda
et Marie-Emmanuelle Plagnol-Diéval

ISSN 0768-0821
ISBN 978-2-40615-965-0

Diffusion-distribution : Classiques Garnier

PRÉSENTATION

« Carmontelle a droit à une place dans notre littérature, comme créateur de ces légères esquisses dramatiques qui, sous le nom de proverbes, contribuèrent si souvent à animer les soirées des grands et des bourgeois[1]. » Résumées en ces termes en 1841, la carrière et l'œuvre de Carmontelle occupent une place singulière au sein notre histoire littéraire : Carmontelle serait l'auteur de petites pièces inoffensives vouées à distraire un public trié sur le volet. Réductrice, cette définition ne rend pas pleinement compte des talents de Carmontelle, qui a certes donné au genre du proverbe ses lettres de noblesse, mais qui s'est aussi illustré dans bien des arts. Rappelons au seuil de cette anthologie qu'il est l'auteur d'une œuvre artistique originale et foisonnante[2] : dessinateur, architecte, aquarelliste, ordonnateur des fêtes royales de la famille d'Orléans, inventeur de la lanterne magique, concepteur du parc Monceau, Carmontelle est un expérimentateur doublé d'un hédoniste, ce dont témoignent ses proverbes dramatiques, qui allient le plaisir du jeu à la vivacité de l'esprit. Si à de rares exceptions près ses pièces ont aujourd'hui déserté les scènes, si les éditions de son œuvre dramatique sont anciennes, son rôle dans l'histoire de l'art est déterminant et mérite d'être réévalué. Parfois jugés superficiels ou « secondaires » par la critique, les proverbes de Carmontelle sont sans doute moins

---

[1] Philippe Le Bas, *Dictionnaire encyclopédique*, t. IV, Firmin-Didot, 1841, p. 179.

[2] Voir en particulier, « Proverbes et transparents. Les théâtres d'ombre de Carmontelle », in Clara Leri dir., *Metamorfosi del Lumi 7 : il corpo, l'ombra, l'eco*, Torino, Academia University Press, 2014, p. 144-163.

inoffensifs que la locution euphémistique « légères esquisses dramatiques » ne le suggère.

Un tout autre regard peut être porté sur cette abondante production (près de deux cent proverbes, quatre volumes de comédies) pour au moins deux raisons. Ceux-ci sont d'abord de précieux documents pour saisir sur le vif la société de la fin d'Ancien régime ; ses usages, ses travers et ses petites habitudes alluvionnent le genre. Les proverbes fonctionnent comme des instantanés photographiques avant l'heure, dont la nature est surdéterminée par l'observation des mœurs et par la proximité entre la fiction et la réalité sociale qu'ils dépeignent. Petite et grande noblesse, bourgeoisie provinciale ou parisienne, gens de maison composent le personnel des proverbes. Joués par ceux qui les regardent, parfois même dans les espaces de leur vie quotidienne, ils partent le plus souvent de situations prosaïques, que les interprètes eux-mêmes peuvent avoir vécues. Aussi les proverbes – leur dessein est de faire deviner une maxime en l'illustrant par une action – tendent-ils un miroir au public et leur nature spéculaire n'est pas dénuée d'autodérision. Quoi de plus cathartique que de rire de soi-même ou des travers du milieu social auquel on appartient ? Tout amusement qui s'inspire des mœurs de la société qu'il divertit porte en lui sa propre satire.

Une seconde raison explique pourquoi la place des proverbes mérite d'être réévaluée. Leur influence sur l'histoire culturelle et le théâtre des XVIIIe et XIXe siècles est loin d'être négligeable. L'œuvre dramatique de Musset, par exemple, doit beaucoup à Carmontelle, dont le grand-père maternel, Antoine Guyot-Desherbiers fut l'ami. Dès son enfance, Musset a joué les proverbes dont il possédait l'édition dans sa bibliothèque, puis a imité son aîné jusqu'à proposer une version du *Distrait* dans *On ne saurait penser à tout*[3]. Sur un plan strictement éditorial, l'œuvre de Carmontelle a également

[3] Voir dans ce volume, p. 213-237.

suscité éditions et commentaires critiques, articles de presse dans la première moitié du XIXe siècle. Pour les contemporains de Musset, le proverbe dramatique reconfigure également l'histoire culturelle à l'aune des pratiques de société. C'est en effet à l'âge romantique que l'œuvre de Carmontelle est légitimée par une réflexion esthétique sur les genres et par la prise en considération de l'inscription historique de l'œuvre dans l'évolution de la société.

LES CARRIÈRES DE CARMONTELLE

Carmontelle présente la caractéristique d'avoir mené de front une carrière faite de talents multiples comme peintre, portraitiste, amuseur, organisateur de distractions pour différents commanditaires, écrivain dans divers genres littéraires et surtout de proverbes dramatiques dont il est le grand pourvoyeur et enfin architecte de jardins.

Né en 1717 à Paris, fils d'artisans contrairement à Pierre Laujon, Thomas-Simon Gueulette ou Charles Collé qui appartiennent à la moyenne bourgeoisie, Louis Carrogis, qui prend le nom de Carmontelle, mais écrit aussi sous des pseudonymes comme le Prince de Clénerzow et le baron de Blening, connaît une progression plus lente que ses confrères. Il enseigne tout d'abord le dessin et les mathématiques. Son premier emploi connu est celui de professeur de dessin du vidame d'Amiens au château de Dampierre. Il se lie d'amitié avec les ducs de Chevreuse et de Luynes, ainsi qu'avec Emmanuel de Pons-Saint-Maurice[4], lieutenant général, premier gentilhomme de la chambre du duc d'Orléans,

[4] C'est le premier des nombreux portraits que Carmontelle réalise, Numéro d'inventaire CAR 186, Autre numéro : N° de tome Carmontelle : 2 ; N° feuillet Carmontelle : 40, Musée du château de Chantilly.

gouverneur du duc de Chartres. Il commence sa série de portraits, écrit des prologues destinés à introduire les pièces d'autres auteurs dans des spectacles joués en société[5]. Les thèmes récurrents sont l'inquiétude de la troupe à l'approche de la représentation, l'indulgence due aux troupes amateures et les souvenirs d'autres représentations.

Sa carrière s'accélère avec la guerre de Sept-Ans (1756-1763) : il part en Westphalie en tant que topographe avec Pons-Saint-Maurice. Là, il développe les deux activités qui le rendent indispensable aux sociétés dans lesquelles il évolue : il continue ses portraits[6], organise à Wesel pour distraire les officiers une sorte de théâtre aux armées, non-officiel avec une troupe et il compose des textes qu'il ne publie pas par la suite[7]. Grâce à son protecteur Pons-Saint-Maurice, il entre au service du duc d'Orléans, en qualité de lecteur de son

---

[5] Le manuscrit 9446 de l'Arsenal comprend trois prologues sans titre (Premier, Second, et Troisième Prologue) dont Carmontelle indique les circonstances de composition et de représentation. Le premier est joué le 18 février 1742, avec *Le Préjugé à la mode* de Nivelle de La Chaussée et *Le Mariage fait et rompu* de Dufresny. Il est repris le 18 janvier 1743 avec *Le Rival favorable* de Boissy et *L'Épreuve* de Marivaux. Le second prologue fait « à la campagne » et « corrigé à Paris » en 1743, accompagne le 9 février 1743 la représentation de *L'Amant auteur et valet* de Cérou et de *La Pupille* de Fagan. Le troisième prologue, plus développé n'a pas été joué en raison de la dispersion de la société pour laquelle il était prévu. Le manuscrit 9326 de la B.N.F. comprend également un prologue, *Les Eaux de Forges*, plus tardif, daté de 1772.

[6] Dont « La veuve Reysfeltz, de Wesel », Numéro d'inventaire CAR 465 ; Autre numéro N° de tome Carmontelle : 9 ; N° feuillet Carmontelle : 44 ; « Mlle Reysfeltz, de Wesel » Numéro d'inventaire CAR 466 Autre numéro N° de tome Carmontelle : 9 ; N° feuillet Carmontelle : 45, « Angélique Hattenched, de Wesel » Numéro d'inventaire CAR 456, Autre numéro N° de tome Carmontelle : 9 ; N° feuillet Carmontelle : 35 ; Musée du château de Chantilly.

[7] Le manuscrit 9446 de l'Arsenal comprend également une comédie inédite, *L'Étourderie réparée*, dont l'Avertissement précise qu'y figure « un baron allemand parce que rien n'était si aisé dans ce moment où je travaillais d'après nature », p. 42. Voir Marie-Emmanuelle Plagnol-Diéval, « Éditer le théâtre de société : le cas de Carmontelle », *Travaux de Littérature, Adirel, Les Écrivains-éditeurs du Moyen-Âge à la fin de l'Ancien Régime*, sous la direction de F. Bessire, Droz, Genève, XIV, 2001, p. 321-344.

fils, le duc de Chartres, au service duquel il reste après 1785 quand celui-ci, à la mort de son père, devient duc d'Orléans (et plus tard Philippe-Égalité). La carrière de Carmontelle est donc celle d'un lecteur, peintre et auteur au service de commanditaires et de leurs sociétés, ce qui explique le mot cruel de Collé : « un certain M. Carmontelle, lecteur du duc d'Orléans ; car les lecteurs font aujourd'hui des comédies[8] ». C'est dans ce cadre assez contraint que ses différents talents s'épanouissent, avec un statut ambigu d'auteur qui n'est pas totalement encore reconnu comme tel. Carmontelle se partage en effet chez le duc de Chartres entre différentes occupations (notamment ses portraits « depuis Mgr le dauphin jusqu'au frotteur de Saint-Cloud » selon l'expression bien connue de Grimm[9], activité également pratiquée à Villers-Cotterêts, à Saint-Cloud et au Palais-Royal en hiver) et l'organisation de fêtes privées (*La Fête de Saint Louis à Villers-Cotterêts*[10] en 1769) et de prologues (*La Place de Villers-Cotterêts*[11] en 1770). Il organise des spectacles pour lesquels il dessine des costumes et des décors quand il n'est pas souffleur. Il en est de même plus tard auprès de Mme de Montesson, épouse morganatique du duc d'Orléans, dans son hôtel particulier de la rue de La Chaussée d'Antin qui s'enorgueillit de posséder un des premiers théâtres privés de Paris, chez qui il est encore parfois cantonné dans des tâches de corrections d'œuvres et

[8] *Journal et mémoires de Charles Collé : sur les hommes de lettres… du règne de Louis XV, 1748-177…, par Honoré Bonhomme, Nouvelle édition augmentée de fragments inédits recueillis dans le ms. de la Bibliothèque impériale du Louvre…*, Paris, Firmin-Didot frères et fils et Cie, 1868, t. II, p. 377.

[9] Grimm, *Correspondance littéraire*, 1er mai 1763, in *Correspondance littéraire, philosophique et critique*, Paris, Longchamps, Buisson, vol. III, 1877, p. 363. Ces tableaux sont conservés au musée du château de Chantilly et au musée Carnavalet.

[10] Ms BnF f.fr. 9326. Le Ms ne précise pas, contrairement à celui de *La Fête du seigneur ou la tricherie revient à son maître* de 1766 (Ms BnF f.fr. 9327) si le décor comprend un transparent de Carmontelle qui ajouterait à l'esthétisation des lieux représentés.

[11] Ms BnF f.fr. 9326.

d'organisation de réjouissances[12]. Les biographes retiennent toutefois des signes nets de son intégration dans le milieu d'Orléans dans les années 1780.

À cette série de portraits qui rend compte d'une très grande partie de la société aristocratique, bourgeoise et savante de la seconde moitié du siècle et que popularisent certaines gravures, il faut ajouter les célèbres transparents[13], animés grâce à la source lumineuse d'une lanterne magique ou d'une fenêtre. Carmontelle les commente, s'en sert pour distraire ses publics et peut-être agrémenter certaines représentations théâtrales. Preuve de l'importance de cette activité, il a laissé un texte sur leur conception[14]. Il s'agit de peintures sur de longues bandes de papier de Chine ou de vélin, bordées de noir, exécutées de façon à magnifier les effets de lumière, de transparence et de matière. La bande était enroulée sur deux rouleaux de bois, placés dans une boîte et une manivelle permettait de dérouler ainsi les scènes et les paysages imaginaires, en une sorte de cinéma avant l'heure, qui n'est pas très éloigné de la vision kaléidoscopique des proverbes. Les onze boîtes de rouleaux transparents rassemblés par Gabriel

---

[12] Carmontelle quoique lié au cercle des Orléans donne aussi des proverbes à Mlle Guimard selon les *Mémoires secrets* (*Mémoires secrets* [...], avec des notes et une préface par P. L. Jacob, Paris, 1859, décembre 1768, p. 316) et des pièces qui sont des miroirs tendus à la société destinataire comme *Les Amours de Marly-la-ville* (Ms BnF f.fr. 9327) à l'attention du fils de Lallemant de Nantouillet, représentée en 1776.

[13] Sur ces transparents, voir Laurence Chatel de Brancion, *Carmontelle au jardin des illusions*, préf. de Gabriel de Broglie ; avant-propos, Nicole Garnier, Saint-Rémy-en-l'Eau, M. Hayot, 2003 et *Le Cinéma au siècle des Lumières*, Saint-Rémy-en-l'Eau, M. Hayot, 2007 ; ainsi que Valentina Ponzetto, « Proverbes et transparents. Les théâtres d'ombres de Carmontelle », dans *Metamorfosi dei Lumi* 7 : *Il corpo, l'ombra, l'eco*, Accademia University Press, coll. « Metamorfosi dei lumi », 10 octobre 2017 (ISBN 978-88-99200-19-0, lire en ligne [archive]), p. 144–163.

[14] *Mémoire sur les tableaux transparents du Citoyen Carmontelle*, An III de la liberté, Paris, bibliothèque de l'Institut National d'Histoire de l'Art (INHA), https://bibliotheque-numerique.inha.fr/collection/item/16611-memoire-sur-les-tableaux-transparents-du-citoyen-carmontelle (consulté le 20/10/23).

Dessus ont été dispersés dans la vente après décès de 1807. Beaucoup ont été découpés, d'autres sont conservés dans des musées français[15] et étrangers[16]. Le plus remarquable par ses dimensions (42 mètres) et le nombre de scènes représentées est celui dit « Les Quatre saisons » du Musée de l'Île-de-France, à Sceaux[17].

Carmontelle est également concepteur du parc de la folie de Mousseaux du futur Philippe-Égalité, c'est-à-dire les « fabriques » ou petits bâtiments de différents styles de l'actuel parc Monceau, chers à l'esthétique des jardins de l'époque. Ses deux écrits consacrés au jardin de Monceau[18] combinent ses talents de dessinateur, de topographe, d'architecte des jardins et d'amuseur avec des références à l'opéra et au spectacle, tout comme la nécessité d'une éducation de la vue, qui permet d'apprécier les tableaux disposés par ces différents décors, propices à l'illusion. Son intérêt pour les arts plastiques en général se marque dans trois opuscules liés aux Salons de 1779, 1781 et 1783[19] dans lesquels il développe

---

[15] Un fragment est conservé au musée de Chantilly : « Transparent : Paysages dans sa boîte Lanterne magique », Feuilles numérotées de 36 à 76 (2 feuilles sans n°). La boîte actuelle du Transparent de Chantilly a été faite par Gabriel Dessus au XIXe siècle sur les indications de Carmontelle. Numéro d'inventaire 1936-3-1. Un est à Sceaux, un autre au musée du Louvre.

[16] J. P Getty Museum (« Jardin pittoresque »).

[17] Il a été exposé à l'Orangerie du château en 1990 dans le cadre d'une exposition qui a donné lieu à un catalogue : *Jardins en Ile de France dessins d'Oudry à Carmontelle. Collection du cabinet des dessins du Musée de l'Île-de-France*, Gérard Rousset-Charny, Jean-Georges Lavit, Isabelle de Lannoy, Musée de l'Ile-de-France / Château de Sceaux, 1992.

[18] *Jardin de Monceau, près de Paris, appartenant à S.A.S. Mgr le duc de Chartres (texte et planches de Carmontelle)*, Paris, Delafosse, 1773 et *Jardin de Monceau, près de Paris…, Paris, L. Jorry, s.d. (prospectus du précédent).*

[19] *Coup de patte sur le salon de 1779, dialogue; précédé et suivi de réflexions sur la peinture*, À Athènes, Et se trouve à Paris, Chez Cailleau, Imprimeur-Libraire, rue Saint-Séverin, 1779. *La Patte de velours, pour servir de suite à la seconde édition du « Coup de patte » ; ouvrage concernant le Salon de Peinture. Année 1781*, À Londres, et se trouve à Paris, chez Cailleau, imprimeur-libraire, rue Saint-Séverin. [1781]. *Le Triumvirat des arts, ou Dialogue entre un peintre, un musicien et un poète, sur les*

une conception très littéraire, narrative et dramatique, de la peinture.

L'apparent éclatement des activités, en partie lié aux conditions d'exercice de cet artiste polyvalent, se caractérise par une unité certaine : l'absence de recherche de reconnaissance institutionnelle[20], la notion d'expressivité au cœur de ses théories picturales et architecturales, les effets de série dans les proverbes et les portraits, comme dans son roman *Les Femmes*[21] et les *Conversations des gens du monde dans tous les temps de l'année*[22] qui abolissent les frontières au profit du dialogue des arts.

LE THÉÂTRE DE SOCIÉTÉ ÉCRIN DU PROVERBE DRAMATIQUE ?

Dans la théâtromanie ambiante du XVIIIe siècle et dans la pratique du théâtre de société, défini par son caractère amateur, intermittent et gratuit, le proverbe occupe une place particulière. Le répertoire spécifique des théâtres de société[23] se construit essentiellement autour du proverbe dramatique, des pièces de circonstance et des fêtes privées. Chronologiquement, le proverbe apparaît comme le

tableaux exposés au Louvre. Année 1783. Pour servir de continuation au Coup de patte et à la Patte de velours, Aux Antipodes [i. e. Paris. 1783].

[20] Carmontelle n'affronte les scènes officielles que trois fois : pour *L'Abbé de Plâtre* représenté le 26 octobre 1779 à la Comédie Italienne, *L'Amante sans le vouloir* et *La Veuve* aux Variétés amusantes respectivement le 26 février 1787 ainsi que les 7 et 28 juin de la même année pour des pièces de facture comparable à celles qu'il donne sur les scènes privées.

[21] *Les Femmes*, roman dialogué de Carmontelle avec un avant-propos par M. Picard Paris, Delongchamps, 1825.

[22] Paris, Impr. polytype et chez les marchands de nouveautés, 1786.

[23] Voir Marie-Emmanuelle Plagnol-Diéval, *Le Théâtre de société : un autre théâtre ?*, Paris, Éditions Honoré Champion, 2003.

successeur de la parade, autre genre issu d'une migration (celle des Théâtres de la Foire vers les scènes privées). Ses atouts pour plaire aux sociétés sont multiples. Côté auteur, il concilie l'agencement littéraire et la mise en forme d'une idée ingénieuse et ludique. Côté acteur amateur, il offre une facilité d'apprentissage avec un texte court (entre une et moins de vingt scènes) et une immense palette de rôles, à peine dérivés de la réalité, permettant de montrer ses talents d'acteur, de musicien, voire de danseur, soit, au contraire, la possibilité carnavalesque d'endosser des rôles de composition à travers des types et des emplois dans tous les groupes sociaux que le proverbe met en scène dans leur environnement, leurs vêtements et leur parler. Le proverbe renvoie au spectateur des allusions transparentes sur le monde dépeint. Si certains titres semblent annoncer une comédie de caractère (*Le Veuf*) ou d'intrigue (*Le Sourd*), un dialogue facile, des quiproquos, une structure de pari, des jeux de scène et des plaisanteries font l'économie d'une analyse ou d'une construction dramaturgique élaborée. L'utilisation presque systématique pour les roturiers de noms propres évoquant leurs métiers (Dupas maître de ballets, La Corne marchand de peignes, Hachis cuisinier, Piquepoint tailleur, Minuit sage-femme, Octavini et Brillantson chanteurs, Moka maîtresse de café, Vinot cabaretier ou Tirefort dentiste) ou pour les nobles de caractéristiques psychologiques rapides (la marquise d'Aimetout, la comtesse de Saint-Léger, la baronne de Rianville, le comte de Moquart…) allie rapidité et jeu. De même, la simplification des tensions amoureuses assure une conversation de bon ton au marivaudage expurgé. L'essentiel se joue dans le comique verbal (facile à insérer dans une pièce courte, à mémoriser et à percevoir pour le spectateur) et dans la représentation dont témoignent les didascalies sur le décor, les costumes et les accessoires dont la précision varie selon les éditions successives, mais dont on peut lire la trace dans la sérié éditoriale illustrée par Carmontelle lui-même conservée au musée de Chantilly[24]. La diversité des groupes sociaux donne l'illusion d'une représentation large, qui allie en fait conservatisme (pour ne pas inquiéter la noblesse détentrice du pouvoir politique et théâtral) et déguisement temporaire (pour séduire le temps d'un spectacle). L'unité du groupe est assurée par la multiplicité des références culturelles qui sont une mine de renseignements pour le lecteur d'aujourd'hui : divertissements, lieux de promenade à la mode, cafés et guinguettes, programmations théâtrales, débats esthétiques, polémiques musicales, airs à la mode repris dans certains proverbes… Tout est fait pour parler au groupe et lui renvoyer une image, certes critique à certains endroits, mais globalement positive et renforcée par ces formes de complicité qui excluent marginaux et étrangers, comme le Juif (*Le Diamant*), l'Allemand (*La Dent*, *Le Prince Wourtsberg*)), les Suisses bien sûr dont l'accent caricaturé donne lieu à des quiproquos (*Le Suisse de porte*).

Cette propension à la diversité, à la légèreté, ainsi qu'à une forte connivence culturelle explique l'extraordinaire vogue du proverbe dans les sociétés autour de Charles Collé et surtout de Carmontelle qui font jouer leurs textes, mais aussi dans toutes les sociétés pratiquant le théâtre comme le montrent les *Mémoires* de Mme de Genlis[25] et de ses contemporains. Les éditions successives des proverbes de Carmontelle après l'édition Merlin de 1768[26] jusqu'au XIXe siècle le montrent. Mais

[24] Les références sont indiquées dans les notices des pièces éditées dans ce volume.

[25] Genlis, Stéphanie-Félicité Du Crest, comtesse de, *Mémoires inédits de madame la comtesse de Genlis sur le dix-huitième siècle et la Révolution française depuis 1756 jusqu'à nos jours*, Paris, Ladvocat, 1825.

[26] *Proverbes dramatiques ou amusements de société*, S. Jorry, 1769, 2 volumes ; *Proverbes dramatiques*, Paris, Lejay, 1773, 6 volumes ; *Proverbes dramatiques*, Amsterdam, Paris, Laporte et Esprit, 1781, 2 volumes ; *Proverbes et comédies posthumes de Carmontel (sic)*, précédés d'une notice par Mme la Comtesse de Genlis, Paris, Ladvocat, 1825, 3 volumes ; *Proverbes dramatiques de Carmontelle, précédés de*

plus encore, c'est la présence des proverbes de Carmontelle dans les anthologies imprimées (alors qu'une certaine partie du théâtre de société peut rester manuscrite) destinées aux sociétés désireuses de faire du théâtre qui prouve son succès et sa diffusion au-delà des cercles de ses commanditaires. Carmontelle est très présent dans ces recueils qui paraissent dans les dernières années d'Ancien Régime. Citons le *Choix de douze proverbes dramatiques qui ont été représentés aux théâtres français à La Haye et à Amsterdam depuis peu*, La Haye, Constapel, 1780 avec dix proverbes de Carmontelle ; le *Recueil général des proverbes dramatiques en vers et en prose, tant imprimés que manuscrits*, Londres, Paris, chez les libraires qui vendent les nouveautés, 1785, 16 volumes qui, à côté d'auteurs comme Charles Collé, Alexandre-Guillaume de Moissy et Charles Georges Thomas Garnier entre autres, fait une très large part à Carmontelle. Le nom de Carmontelle est parfois omis, preuve de sa notoriété, mais aussi de la valeur d'usage de ces anthologies. De même, l'ordre choisi par Carmontelle : titre, puis « mot » à la fin dans une table est souvent bouleversé sans doute pour faciliter le choix des acteurs amateurs. On trouve ainsi le titre et le mot dans cet ordre ou inversé.

Parallèlement, le proverbe et Carmontelle sont présents dans l'ouvrage d'Antoine-René de Voyer marquis de Paulmy d'Argenson et André-Guillaume Contant d'Orville, le *Manuel des châteaux ou Lettres contenant des conseils pour former une bibliothèque romanesque, pour diriger une comédie de société, et pour diversifier les plaisirs d'un salon*, couramment appelé *Étrennes aux sociétés*[27]… Autour du procédé du manuscrit trouvé dans

la vie de Carmontelle, d'une dissertation historique et morale sur les proverbes par C. de Méry, Paris, Delongchamps, 1822, 4 volumes.

[27] Paris, Moutard 1779. Contenu dans les *Mélanges tirés d'une grande bibliothèque…* Paris, 1779-1788, 68 tomes en 58 vol. in-8°. *Volume 2 : Manuel des châteaux ou Lettres contenant des conseils pour former une bibliothèque romanesque, pour diriger une comédie de société, et pour diversifier les plaisirs d'un salon*, également appelé *Manuel des sociétés qui font leur amusement de jouer la comédie ou Catalogue*

la bibliothèque d'une maison de campagne, le manuel (sans anthologie) offre une réflexion théorique et pratique sur les répertoires proposés aux sociétés[28]. Il regroupe et analyse les répertoires possibles par genres et une partie est consacrée aux proverbes[29]. Il insiste sur la possibilité d'improviser à partir du dialogue écrit « pourvu qu'on conserve les caractères des personnages », de « créer des rôles accessoires », de « concerter des scènes toutes nouvelles », et de « saisir tous les à-propos qu'une société un peu nombreuse est dans le cas de faire naître à chaque instant[30] ». Il donne enfin une liste de proverbes aménageables d'auteurs et de Carmontelle dont *Le Seigneur auteur* et *Le Sourd*, présentés dans cette édition[31].

Entre anthologies et manuels, le proverbe et surtout l'illustration qu'en donne Carmontelle vont de pair avec la pratique du théâtre de société et annonce celle du théâtre amateur.

HÉRITAGES

Dans la « Lettre à Madame de *** », placée en tête du premier volume des *Proverbes dramatiques*, Carmontelle fixe lui-même les principales caractéristiques de ses proverbes, à

raisonné de toutes les tragédies, comédies des théâtres français et italien, actes d'opéra, opéras comiques, pièces à ariettes et proverbes qui peuvent facilement se représenter sur les théâtres particuliers encore appelé *Étrennes aux sociétés…*

[28] Voir Antoine Lilti, « Les leçons d'un répertoire », *Les Théâtres de société au* XVIII*e siècle, Études sur le* XVIII*e siècle*, volume composé par Marie-Emmanuelle Plagnol-Diéval et Dominique Quéro, Bruxelles, 2005, p. 237-245.

[29] Paulmy d'Argenson et Contant d'Orville, ouvrage cité, p. 253-260.

[30] *Ibid.* p. 253-254.

[31] Concernant *Le Seigneur auteur*, le *Manuel* conseille d'utiliser le proverbe comme un « prologue propre à amener une fête de société ». Concernant *Le Sourd*, il propose de retoucher le dialogue, de prolonger les scènes et de multiplier les incidents « afin de donner à cette bagatelle la longueur d'une pièce en un acte. »

partir de leur fonction ludique. Il s'agit de faire deviner un adage bien connu en l'illustrant par une action scénique. L'esthétique du proverbe est donc corrélée à sa nature première, celle de distraire une société quand l'ennui gagne ses convives :

> Le proverbe dramatique est donc une espèce de comédie, que l'on fait en inventant un sujet, ou en se servant de quelque trait, de quelque historiette, *etc.* Le mot du proverbe doit être enveloppé dans l'action, de manière que si les spectateurs ne le devinent pas, il faut lorsqu'on le leur dit qu'ils s'écrient : *ah ! c'est vrai*, comme lorsqu'on dit le mot d'une énigme qu'on n'a pu trouver[32].

Carmontelle rappelle d'emblée la parenté entre le genre du proverbe et celui de la comédie. Ce lien tient certes au caractère plaisant des deux formes théâtrales (« Le proverbe dramatique est très agréable quand il y a beaucoup de gaieté »), précise-t-il, mais à la différence du genre cher à Molière, les proverbes sont tendus vers une énigme, en l'occurrence un proverbe que l'action a représenté. Sur ce point, Carmontelle s'inscrit dans une tradition qui remonte au moins à la préciosité[33]. On se souvient des dilections ludiques de Cathos et Magdelon dans *Les Précieuses ridicules* :

CATHOS

Pour moi, j'aime terriblement les énigmes.

MASCARILLE

Cela exerce l'esprit, et j'en ai fait quatre encore ce matin, que je vous donnerai à deviner[34].

---

32 « Lettre à Madame *** », *Proverbes dramatiques*, Paris, Merlin, 1768, p. 3 ; nous reproduisons ce texte en annexes.

33 Sur l'histoire du genre, voir Clarence D. Brenner, *Le Développement du proverbe dramatique en France et sa vogue au* XVIII*e siècle*, Berkeley and Los Angeles, University of California Press, coll. « University of California Publications in Modern Philology », vol. XX, n° 1, 1937, p. 1-56.

34 *Les Précieuses ridicules*, scène X.

Bien qu'il soit difficile de dater précisément la naissance du proverbe, la préciosité marque le développement des jeux littéraires, au temps où de véritables Mascarille imaginaient des devinettes pour divertir de doctes assemblées. Dès son origine, le proverbe développe donc une dynamique ludique, spéculaire et didactique, trois éléments qui définissent l'esthétique de ceux de Carmontelle. À la fin du XVIIe siècle, Mme de Murat commente un autre critère définitoire du genre, sa nature improvisée :

> Lorsque la collation fut ôtée, je proposais de jouer à de petits jeux, car je ne pouvais être sérieuse. Chacun imagina un jeu à sa mode, mais Mme d'Arcine dit que si on voulait faire un proverbe, elle serait une des actrices ; on y consentit : nous nous attroupâmes pour nous concerter sur la manière dont il fallait le jouer. Quand nous fûmes convenus de tout, nous trouvâmes qu'il ne fallait que quatre acteurs. Ce fut moi, madame, qui ouvris la scène avec le duc, qui eut la complaisance d'être des nôtres ; il représentait le valet du chevalier ; j'étais la suivante de la Marquise, qui dans la pièce devait être une vieille amoureuse : la suite vous instruira du reste[35].

Inscrit dans les proverbes de Carmontelle, l'héritage du jeu verbal et gestuel improvisé témoigne d'une assimilation d'un genre ancien, qui s'est nourri de la comédie de mœurs, de la *commedia dell'arte*, mais aussi des pratiques de salon et des jeux de société. Selon Alain Beretta en effet, « on peut définir le Proverbe comme une petite comédie de société, qui n'est qu'accessoirement une devinette ; d'ailleurs, le mot du proverbe ne constitue jamais le titre de l'œuvre, mais n'est dévoilé qu'à la fin par une note[36]. » La définition porte sur la singularité des proverbes de Carmontelle dont les deux

[35] Madame de M***, *Voyage de campagne*, t. I, 1699, p. 351.

[36] « L'évolution d'un genre dramatique. Le Proverbe, de Carmontelle à Musset », *Ruptures et continuité. Des Lumières au symbolisme. Actes du colloque de*

principales caractéristiques sont la vivacité et la théâtralité. Comme le rappelle Frank Lestringant, « Le Proverbe obéit [...] à un modèle ludique. C'est un jeu. Il s'agit de reconnaître le proverbe qu'on donne à entendre, mais qui n'est jamais prononcé. Ce modèle ludique peut aussi être un modèle instructif, éducatif, mais sans rien qui pèse ou qui pose[37]. » Selon Carmontelle, le proverbe est une forme ductile et son écriture ne fixe pas véritablement les dialogues qui seront jouées. La partition imprimée sert de point de départ à la mise en scène ; l'originalité des proverbes consiste donc à laisser aux interprètes une part d'invention.

ESTHÉTIQUE DU PROVERBE

Tout en revendiquant une forme de modestie vis-à-vis du genre institué de la comédie, Carmontelle s'en démarque par l'esprit et par la lettre. Le proverbe reprend certes une série de thèmes et de ressorts comiques, tels que le mariage contraint, la satire des médecins et des hommes d'église, le ridicule des gérontes, *etc.* Il emprunte également à la comédie des types comiques identifiables et leurs obsessions (barbons, oncles à héritage, abbés gloutons, jeunes filles à marier, *etc.*). Mais le proverbe ne demeure qu'« une espèce de comédie », formule assez flexible pour distinguer des spécificités esthétiques

---

Besançon des 18-20 décembre 2002, recueillis et publiés par France Marchal-Ninosque, Nancy, Presses Universitaires de Nancy, 2004, p. 176.

[37] Frank Lestringant, « *Proverbes dramatiques* de Carmontelle », dans *Théâtres en liberté du XVIIIe au XXe siècle. Genres nouveaux, scènes marginales ?*, Actes du colloque international organisé les 31 mai et 1er juin 2013 par Valentina Ponzetto à l'Université de Genève avec le soutien du Fonds National de la recherche Suisse ; publiés sous la direction de Valentina Ponzetto (FNS / Université de Lausanne) avec la collaboration de Sylvain Ledda (CÉRÉdI – EA 3229)© *Publications numériques du CÉRÉdI*, « Actes de colloques et journées d'étude », n° 19, 2017.

entre les deux genres. La première d'entre elles concerne la longueur des pièces. Les proverbes dramatiques se caractérisent par leur concision, leur nombre réduit de scènes et de personnages, la quasi absence d'intrigue secondaire. Destinés à être joués en société durant un moment limité (un après-dîner, par exemple), ils ne sauraient durer plus que ne l'admet un jeu de société. C'est pourquoi le proverbe évite tout développement des caractères et des intrigues : le trait remplace l'amplification, la formule saillante les tirades, l'information laconique les récits. Le proverbe vise avant tout à l'efficacité dramatique. Le proverbe doit mettre en œuvre une série de signes linguistiques de reconnaissance immédiate, en lesquels peut se retrouver son public. De cette donne découle la variété des formes du dialogue (conversation, entretien, colloque sentimental, badinage mondain, causerie, dispute, etc.). Pour que soient crédibles ces types d'échange, Carmontelle brandit le double principe de simplicité et de naturel.

La qualité des proverbes repose en effet sur ces deux critères, que la critique ultérieure a parfois confondus avec l'absence de style ou le refus du style. Selon madame de Genlis en effet, le style recherché briserait l'illusion de vérité :

> Il ne faut point chercher le style et le mérite d'écrivain dans ces petites compositions ; cependant elles sont en général correctement écrites, il semble même qu'un style plus élégant et plus recherché nuirait à leur effet principal, en leur ôtant l'illusion qu'elles produisent, et le charme de naturel qu'on y trouve toujours ; l'auteur ne les a point faites pour être apprises par cœur, il voulait au contraire qu'on les jouât de tête [...][38].

La recherche du naturel dans les dialogues suppose en effet d'écarter les effets et les conventions trop visibles, dans

[38] « Notice », *Proverbes et comédies posthumes*, Paris, Ladvocat, 1825, p. IV.

la mesure où ces derniers préfabriquent un ton, une manière de prendre la parole à partir de structures textuelles plus que scéniques. La parole doit donner l'impression d'être ordinaire et de jaillir spontanément, sans être préméditée ; elle exclut donc les fioritures, le lyrisme, les effets de style en somme. La recherche du naturel a pour corollaire la fluidité des échanges, à laquelle aspire Carmontelle. Ces éléments sont la condition *sine qua non* de l'efficacité du genre sur le public, qui doit pouvoir s'approprier un texte relativement simple, le mémoriser, et improviser à partir de son canevas. À l'extrême, Carmontelle préconise de ne pas apprendre ses proverbes par cœur, mais d'inventer un dialogue à partir des scènes marquées. Ainsi, la plupart des proverbes dramatiques débutent par des dialogues banals, des situations tirées d'un quotidien prosaïque. *La Veste brodée*, par exemple, s'ouvre sur une discussion sur le temps qu'il fait, sujet de conversation le plus éculé qui soit. Ce cadre permet de construire l'ordinaire des jours à partir de quelques répliques élémentaires, qu'on pourrait entendre dans n'importe quelle maison bourgeoise ou demeure aristocratique. La simplicité naît également des thèmes des proverbes : d'un poulet bien doré à un projet de mariage mal engagé, rares sont les sujets nobles ou élevés, ce qui ne signifie pas qu'à l'échelle des personnages les enjeux ne soient sérieux ou graves. Carmontelle privilégie le dérisoire comme point de départ, les petites choses qui s'inscrivent dans une réalité facile à mettre en scène. L'une des conséquences immédiates de ce choix esthétique, c'est de limiter l'exposition au strict nécessaire. Elle est le plus souvent réduite à quelques échanges voire à la première réplique du proverbe. Parfois même l'absence d'enjeu ou d'intrigue laisse place à une conversation qu'on prend dans son fil. Dans *L'Histoire* par exemple, quelques aristocrates se réunissent et attendent qu'un convive raconte une petite aventure pour combler l'ennui. C'est donc parfois moins une *intrigue* qu'une *situation* que met en œuvre la dramaturgie de Carmontelle.

Simplicité et fluidité sont les maîtres-mots des dialogues. Selon Carmontelle, ceux-ci doivent donner l'impression qu'on « ne pense pas au ton que l'on donnera à chaque mot[39]. » L'absence de réflexion préalable est d'autant plus réussie que les répliques affichent souvent une simplicité syntaxique voulue – « je ne me suis point appliqué à faire de belles phrases », précise Carmontelle[40]. Le rejet du beau style ou du haut style répond à l'éthique et à l'esthétique de vérité. Dans les *Proverbes*, les phrases ne sont pas contournées : point d'inversions élégantes, de tours complexes qu'on croise dans les pièces de Marivaux ou Beaumarchais. C'est pourquoi les proverbes comportent souvent des répliques brèves, dont le lexique n'est pas toujours très élaboré. *Les Ennuis de la campagne* illustrent brillamment cet art du « simple » ; ce proverbe compte presque exclusivement des répliques d'une ligne, proches de la stichomythie. Dans son souci de réalisme et de fluidité, le proverbe évite également certaines conventions dramatiques, au premier rang desquelles les trop longues tirades et les monologues. Rares sont en effet les moments où les personnages développent leur pensée face à un interlocuteur, ou se parlent à eux-mêmes, sauf quand une nécessité dramaturgique ou psychologique l'impose. Les conventions habituelles de la comédie sont donc minorées dans les proverbes, parce qu'elles s'écartent de la vérité instantanée. Tous ces éléments d'esthétique théâtrale ne signifient pas que les proverbes ne sont que des « esquisses ». Carmontelle cisèle avec beaucoup de finesse l'enchaînement des répliques et manie avec beaucoup de *maestria* l'art de faire circuler la parole dans un espace restreint avec des moyens techniques limités. Les proverbes dramatiques sont donc des œuvres

39 « Lettre à Madame *** », *Proverbes dramatiques*, éd. citée, p. 4.

40 *Id.*

paradoxalement très « écrites », qui intègrent à leur univers mille et un détails qui font leur saveur.

DES OBJETS ET DES HOMMES

La ténuité des intrigues et le cadre souvent limité de l'action sont compensés par la place allouée aux détails de la vie quotidienne, en particulier aux objets qui, en passant de la réalité à la fiction, deviennent autant d'accessoires de jeu que d'éléments de symbolisation du réel. Arrimée à la matérialité de la vie, l'esthétique du proverbe accorde en effet une grande place aux petites choses. Vêtements, accessoires de mode, verre, papier, plume, carotte, navet, tout peut devenir l'enjeu d'une tranche de vie. Dans *La Veste brodée*, une vêture décide du sort d'un amoureux transi. Un tel héritage comique prend des proportions excessives dans les Proverbes, à l'image du *Poulet* qui, comme son titre l'indique, prend prétexte d'une volaille cuite pour développer une situation incongrue. Les lettres se comptent également par dizaines car elles sont le moyen le plus commode pour annoncer un personnage, pour résumer une action antérieure ou se projeter dans des faits à venir.

Le mot peut aussi suppléer à la chose. La seule évocation d'un objet ou d'un mets devient fantasme comique, procédé mis en œuvre dans *L'Abbé de coure-dîner*, par exemple : on ne verra aucun plat, mais on imagine avec l'abbé tout ce qu'il pourrait manger. En plaçant l'objet au centre du dispositif scénique et dialogique, le dramaturge construit un discours sur les mœurs et fournit des indications précises au public. Limités dans leurs moyens techniques et modestes dans leurs ambitions spectaculaires, les proverbes de Carmontelle accordent aux costumes une attention toute particulière.

Le plaisir du jeu réside certes dans celui de se grimer, de se transformer pour donner la comédie devant un public choisi, mais le costume occupe aussi une fonction narrative de premier ordre : à eux seuls, ils racontent une histoire, tracent un portrait, identifient une caste. Le dramaturge se montre notamment très soucieux de détails qui permettent la reconnaissance immédiate d'une catégorie, d'une fonction politique, religieuse ou militaire. Le costume construit dès lors un réseau de signes qui supplée aux décors car il fait lui-même décor. Les proverbes dramatiques se jouant avec quelques éléments qui identifient un lieu, le plus souvent un salon, costumes et accessoires fournissent la théâtralité nécessaire à l'illusion scénique.

Le plaisir des Proverbes repose souvent sur le rapport hédoniste ou ascétique que les personnages entretiennent avec le réel. C'est pourquoi la réussite du genre tient en grande partie au personnel des proverbes et à ce qu'on pourrait appeler leurs « névroses ». Fantasques, farfelus voire obsessionnels, les personnages mettent leur imagination au service de leurs désirs. C'est sur ce terrain sans doute que Carmontelle se montre le plus inventif : à partir de types identifiables, il force le trait jusqu'à la caricature pour produire des situations prosaïques mais à la limite du vraisemblable. Ce réalisme farfelu, unique en son genre, inspirera à Musset ses fantoches. L'ancrage réaliste des proverbes n'exclut donc pas une véritable fantaisie, voire quelques touches de merveilleux empruntées aux contes. Le plaisir du proverbe réside ainsi dans le moment de bascule où un événement anodin prend des proportions telles que tout devient permis – on peut ainsi deviner les proverbes à partir de l'écart entre une situation initiale et un dénouement.

Les différentes thématiques qui servent de point de départ aux proverbes sont directement liées aux plaisirs des assemblées auxquelles les pièces sont destinées : la gastronomie, le théâtre, l'opéra, les beaux vêtements, les distractions sont au cœur des proverbes. L'obsession alimentaire rattache le genre à celui de la farce, qui compte moult gloutons. Le plaisir de manger ou la privation de nourriture rythment plusieurs proverbes, parmi les plus distrayants. Le motif du spectacle et du jeu théâtral nourrit également l'imaginaire des proverbes, reflets d'une société oisive et hédoniste sur le point de disparaître.

FORTUNE DES PROVERBES

À la mort de Carmontelle en 1806, les proverbes dramatiques ne tombent pas dans l'oubli, bien au contraire, et les bouleversements politiques et sociaux n'effacent pas des mémoires la valeur de ces pièces. Plusieurs éditions voient le jour, dont un recueil de pièces posthumes en 1811. Sous la Restauration, le proverbe fait un retour en force. Non seulement on édite ceux de Carmontelle en les agrémentant de commentaires et de préfaces, mais on en écrit de nouveaux. En 1822, C. de Méry fournit une édition des proverbes dramatiques, précédés d'une « Vie de Carmontelle[41] » et d'une « Dissertation historique et morale sur les proverbes », dédiée au duc d'Orléans. En 1825, paraît chez le célèbre libraire Ladvocat une édition de *Proverbes et Comédies posthumes* accompagnés d'une notice de Madame de Genlis[42].

À cette date, le proverbe entre lui aussi dans le débat romantique et se romanticise, accédant à une reconnaissance générique. Comme le montre l'ironique préface qu'Auguste Romieu publie en 1827 en tête de ses *Proverbes dramatiques*, l'histoire du proverbe est celle d'une métamorphose, opérée

41 Reproduite en annexes.

42 Cette notice est reproduite en annexes.

sous la Restauration[43]. La critique constate que le genre a acquis ses lettres de noblesse grâce à Carmontelle, ce dernier ayant fixé les grandes lignes de sa poétique ; il peut désormais s'intégrer aux bouleversements du siècle. Dans son souci des sources historiographiques, le romantisme attribue dès lors à Carmontelle la paternité du genre. À tout le moins, il est considéré (à juste titre) comme le père fondateur de cette forme théâtrale. Dans la première moitié du XIXe siècle, le proverbe connaît un véritable regain d'intérêt. Les plus grands écrivains s'y essaient (Mérimée, Vigny, Sand, Musset) et certains d'entre eux rencontrent même un succès durable grâce à ce petit genre. C'est le cas de Musset qui triomphe au théâtre grâce à *Un Caprice*, joué à la Comédie-Française en novembre 1847. Musset rend malicieusement hommage à Carmontelle en mettant en scène une situation équivoque qui illustre un proverbe aux irisations blasphématoires : « Un jeune curé fait les meilleurs sermons. » De nombreuses publications de recueils de proverbes à jouer ou à lire jalonnent le siècle : l'édition des proverbes de Gosse (1819), de Carmontelle (1822), de Romieu (1827), de Théodore Leclercq (1823-1836 puis 1852), de Musset (à partir de 1830), de Resatti (1857) entraîne de nombreux commentaires critiques sur le genre.

Pour les historiens du théâtre des années 1820, l'absence de répertoire fixe légitime le rôle prépondérant que tient Carmontelle dans l'histoire du genre. À l'âge romantique, toutes les définitions du genre renvoient à cet auteur et à un état de la société d'avant la Révolution. Mais ce sont moins les Lumières qu'on associe aux proverbes que des « fêtes galantes » d'un autre temps. Aussi fait-il l'objet de critiques de la part d'auteurs libéraux comme Viollet-le-Duc fils, qui voit dans ce genre la matérialisation d'une aristocratie oisive et fortunée.

---

[43] Nous reprenons ici certaines analyses de notre article : Sylvain Ledda, « Notes sur la poétique du proverbe à l'époque romantique » dans *Théâtres en liberté du XVIIIe au XXe siècle. Genres nouveaux, scènes marginales ?*, Actes cités.

Le cadre des proverbes fournit donc aux contemporains de Musset un repère socio-historique qui surdétermine les commentaires critiques. Les proverbes de Musset le montrent, en particulier *Il ne faut jurer de rien* (1836) : au château de la baronne de Mantes perdurent des pratiques d'un autre temps. La fortune du proverbe repose en grande partie sur le succès ininterrompu des *Comédies et proverbes* d'Alfred de Musset, admirateur et imitateur de Carmontelle. À l'image de son aîné, Musset considère le proverbe comme une forme-sens et même une forme ludique à variations. En cela le proverbe de Carmontelle comme celui de Musset relève d'une esthétique de la fantaisie. L'adaptation du *Distrait* par Musset témoigne de l'assimilation de Carmontelle dans la culture théâtrale du XIXe siècle. Représenté à la Comédie-Française en 1849, *On ne saurait penser à tout* rend hommage au talent d'inventeur de son aîné. Pour Musset, Carmontelle est un amuseur qui sculpte dans l'éphémère des fresques miniatures, qui croque une manie avec un bon mot, un travers avec un trait spirituel. Musset assimile ces caractéristiques en y ajoutant sa propre poésie.

Ont été retenus dans ce volume des proverbes dont l'ingéniosité des scénarii le dispute à l'alacrité du rythme, à la plasticité du style. Les proverbes réunis dans cette anthologie sont tous issus des *Proverbes dramatiques* publiés en 1768 et 1769. Ils témoignent de l'art de Carmontelle et forment un ensemble éditorial et thématique cohérent. Ils ont été choisis parce qu'ils présentent des similitudes formelles et esthétiques. On croisera des motifs chers à Carmontelle, celui de l'alimentation, la privation de nourriture et de la gourmandise. Plusieurs proverbes ont également pour thème le théâtre ou le jeu dramatique : ils posent malicieusement un regard sur le genre même du proverbe. Ce choix répond en outre à plusieurs impératifs esthétiques, historiques et scientifiques. Il s'agit avant tout de montrer l'étendue de la palette du dramaturge. Si l'intention didactique et ludique surdétermine le genre proverbial, elle se matérialise également chez Carmontelle par une « poétique de la fluidité » et par un « art du vide ». Sous le vernis des superfluités, la satire des mœurs s'insinue, tendant un miroir tantôt complaisant, tantôt cruel au public privilégié des proverbes : l'aristocratie, la haute bourgeoisie. C'est pourquoi cette édition cherche aussi à nuancer les clichés de facilité et de mondanité qui s'attachent traditionnellement au genre du proverbe dramatique. Ceux de Carmontelle manient en effet les dissonances et les hiatus pour mieux miner de l'intérieur l'apparente harmonie d'un monde figé dans ses usages ; le recours aux poncifs sociaux comme aux types dramatiques dévoile des inquiétudes plus ontologiques, liées à la disparition de valeurs, à la reconfiguration de la société française de la fin du XVIIIe siècle.

S.L. & M.-E. P. D.

NOTE
SUR LA PRÉSENTE ÉDITION

Ce volume réunit quatorze proverbes publiés dans les *Proverbes dramatiques* parus en huit volumes chez Merlin entre 1768-1769. Nous reproduisons ici les pièces de cette édition originale, reprise ensuite dans plusieurs publications préfacées au XIXe siècle[1]. Quelques rares proverbes ont fait l'objet d'éditions séparées au XXe siècle. Nous le signalons dans les notices qui précèdent chaque pièce. Celles-ci ont pour fonction de situer les enjeux esthétiques des pièces retenues, d'analyser les sources identifiables, de scruter les ressorts comiques employés par Carmontelle ; le cas échéant, nous esquissons une histoire de la mise en scène du proverbe. Nous avons maintenu la formule ludique qui caractérise l'édition des pièces de Carmontelle : le proverbe n'est révélé qu'à la fin du texte, le lecteur peut donc exercer son esprit et tenter de deviner quel proverbe l'action illustre. Dans le cadre de cette nouvelle édition, l'orthographe a été modernisée, sauf lorsqu'une graphie est nécessaire au respect de la rime pour l'œil et du nombre des syllabes. L'usage presque systématique des capitales à l'initiale des noms communs, sans règle fixe et gênant pour le lecteur contemporain, a été corrigé. En revanche, nous avons respecté la ponctuation ancienne, sauf dans le cas d'aberration évidente (un point d'interrogation pour une phrase qui ne serait pas interrogative par exemple), ou

[1] Voir présentation, p. 7-30 et bibliographie, p. 373-382.

d'un usage ancien du signe de ponctuation trop différent de l'usage moderne (les deux points en ce cas ont été modifiés en points-virgules ou en points).

M.-E. P. D & S.L.

LE POULET

Troisième proverbe

Édition de Sylvain Ledda

NOTICE

Le Poulet cultive deux thèmes chers à Carmontelle : la nourriture, les abus de la médecine. La drôlerie de cette saynète tient à la fois à la malice des valets et à la crédulité d'un maître affamé. Taillé sur le patron d'Argan du *Malade imaginaire*, monsieur d'Orville est soumis à l'autorité d'un médecin tyrannique et ne pense pouvoir survivre sans lui. Le dénouement du proverbe reprend la scène des imprécations de Purgon – « Et je veux qu'avant qu'il soit quatre jours vous deveniez dans un état incurable[1] ». Mais Carmontelle adapte la violence des propos aux proportions du genre, réduisant la malédiction à la colère. Cette technique d'écriture caractérise bien le style de Carmontelle : amuïssement des effets, simplifications des émotions et des intentions. Là où Purgon promet à Argan la pire des fins et d'atroces souffrances, Frémont condamne son patient à boire « un bouillon de chiendent ». La satire est atténuée, le comique effrayant laisse place à une situation amusante. La ciselure des dialogues et la cocasserie des situations expliquent sans doute pourquoi, en dépit de sa brièveté, ce proverbe a connu une certaine fortune jusqu'à aujourd'hui. Le prolifique Léon Guillot de Saix (1885-1964) publie une adaptation chez Stock en 1922. La publication en volume séparé indique que la pièce a sans doute donné lieu à des mises en scène, notamment dans un cadre amateur. On trouve dans les archives du Théâtre amateur vendéen trace d'une représentation du *Poulet*, à l'occasion de la Kermesse de Luçon, le 30 mai 1935. Après avoir résumé l'intrigue, qui reprend précisément celle de Carmontelle, le programme propose cette analyse : « Tel est le thème simple et alléchant de cette fine comédie inspirée d'un proverbe célèbre

1 *Le Malade imaginaire*, III, 6.

et d'une verve toute moliéresque qui joint à l'attrait d'un spectacle à costumes le charme de la curiosité littéraire[2]. » Dans cette version quelque peu remaniée, le médecin porte le nom de Purgon, renvoi explicite au *Malade imaginaire.* Dans l'essai biographique qu'elle consacre à l'homme de théâtre Léon Chancerel, Maryline Romain évoque la représentation du *Poulet* devant un public de scouts à la Maison d'Arlequin. *Le Poulet* est joué parmi un programme varié :

> *Le chant de la Route*, récitation chorale, introduit le spectacle (il ne quittera plus le répertoire des Comédiens Routiers) ; puis *La Tour*, pantomime traditionnelle de feu de camp, avec accompagnement sonore [...]. Suivent deux farces écrites par Léon Chancerel : *Le Chaudronnier* et *L'Impromptu du Médecin*, un proverbe de Carmontelle : *Le Poulet*, un intermède du Siècle d'or : *Les Olives*, adapté par François Bloch-Lainé d'après Lope de Rueda, et pour clore le spectacle une fable de La Fontaine, mimée : *La Mort et le Bûcheron*[3].

Une brochure agrafée paraît en 1943 dans la collection « Jeux, tréteaux et personnages » chez Billaudot, ce qui confirme que la pièce a pu être jouée par des troupes amateurs à qui cette édition semble destinée. En 2018, la Compagnie Coriace en donne une mise en scène modernisée dans le cadre de son spectacle « Le Jeu des proverbes ». La pièce figure dans le recueil illustré de 103 dessins aquarellés par Carmontelle, conservé au Musée Condé de Chantilly[4]. Une aquarelle représente le maître entouré de ses deux rusés serviteurs.

S.L.

---

[2] https:/www.unilim.fr/theatre-amateur-vendeen/2450.

[3] *Léon Chancerel, portrait d'un réformateur du théâtre français (1886-1965)*, Lausanne, L'Âge d'homme, 2005, p. 183.

[4] Numéro d'inventaire DE 1171-3. Autre numéro : Ms 394.

PERSONNAGES

M. D'ORVILLE, *en Robe-de-Chambre, avec une perruque en bonnet.*

M. FRÉMONT, *Médecin, en habit noir, et grande perruque.*

LA BRIE.
COMTOIS. } *Laquais de M. d'Orville, en Livrée.*

La Scène est chez M. d'Orville, dans sa chambre à coucher.

SCÈNE PREMIÈRE.

M. D'ORVILLE, COMTOIS, LA BRIE.

M. D'ORVILLE.

Parbleu, cette médecine-là m'a bien fatigué ! je meurs de faim. Et mon poulet, La Brie ?

LA BRIE.

Monsieur, vous allez l'avoir tout à l'heure.

M. D'ORVILLE.

Pourquoi Comtois n'y est-il pas allé ?

COMTOIS.

Monsieur, il fallait bien être auprès de vous, pour vous habiller. Nous allons mettre le couvert.

M. D'ORVILLE.

Ils ne finiront pas. Est-ce qu'il ne peut pas ranger cela tout seul ? Allons, va-t'en.

COMTOIS.

J'y vais, j'y vais.

M. D'ORVILLE.

Je tombe d'inanition. Donnez-moi un fauteuil. *Il s'assied.* Allons, finis donc.

LA BRIE.

Je vais mettre la table devant vous. *Il l'approche.* Je m'en vais chercher du pain.

M. D'ORVILLE.

Je crois qu'ils me feront mourir d'impatience.

LA BRIE.

Déployez toujours votre serviette pour ne pas perdre de temps.

SCÈNE II.

M. D'ORVILLE.

Je n'en puis plus ! je m'endors de fatigue et de faiblesse. *Il s'endort et ronfle.*

SCÈNE III.

M. D'ORVILLE, LA BRIE, COMTOIS, *portant le poulet.*

LA BRIE.

Apporte du pain.

COMTOIS.

Il y en a là, j'apporte le poulet. Quoi ! il dort déjà ?

LA BRIE.

Je ne fais pourtant que de le quitter.

COMTOIS.

Mais son poulet va refroidir. Réveille-le.

LA BRIE.

Moi ? je ne m'y joue pas, il crierait comme un aigle.

COMTOIS.

Comment ferons-nous ?

LA BRIE.

Je n'en sais rien ; cela nous fera dîner à je ne sais quelle heure, et je meurs de faim.

COMTOIS.

Et moi aussi ; ma foi, je m'en vais l'éveiller.

LA BRIE.

Tu n'en viendras jamais à bout.

COMTOIS, *criant.*

Monsieur ?

LA BRIE.

Oui, oui ; vois comme il remue, il n'en ronfle que plus fort.

COMTOIS.

Quel diable d'homme ! coupe le poulet ; en cas qu'il se réveille, ce sera toujours autant de fait.

LA BRIE.

Oui, et il sera plus froid, je ne m'y joue pas.

COMTOIS.

Hé bien, je m'en vais le couper, moi. *Il coupe une cuisse.* Tiens, vois comme cela sent bon.

LA BRIE.

Je n'ai pas besoin de sentir pour avoir encore plus de faim.

COMTOIS.

Ma foi, j'ai envie de manger cette cuisse-là. Monsieur Frémont lui a ordonné de ne manger qu'une aile, il n'y prendra peut-être pas garde. *Il mange la cuisse.* Ma foi, elle est bonne. Je m'en vais boire un coup. Donne-moi un verre. *Il se verse à boire, et boit.*

LA BRIE.

Et s'il se réveille ?

COMTOIS.

Hé bien, il me chassera, et je m'en irai.

LA BRIE.

Ah, tu le prends sur ce ton-là ! oh, j'en ferai bien autant que toi ; allons, allons, donne-moi l'autre cuisse.

COMTOIS.

Je le veux bien, nous serons deux contre lui, il ne saura lequel renvoyer. Tiens. *Il lui donne l'autre cuisse.*

LA BRIE.

Donne-moi donc du pain ?

COMTOIS.

En voilà.

LA BRIE.

Ma foi, tu as raison ; ce poulet est excellent ! mais je veux boire aussi.

COMTOIS.

Hé bien, bois. Je songe une chose ; comme il ne doit manger qu'une aile, il ne m'en coûtera pas davantage de manger l'autre, je m'en vais en mettre une sur son assiette. *Il mange.*

LA BRIE.

C'est bien dit, donne-moi le corps.

COMTOIS.

Ah, le corps, c'est trop ; je m'en vais te donner le croupion. *Ils mangent tous les deux.*

LA BRIE.

Cela ne vaut pas l'aile.

COMTOIS.

Mange, mange toujours.

LA BRIE.

Buvons aussi.

COMTOIS.

Allons, à ta santé.

LA BRIE.

À la tienne. *Ils boivent.*

COMTOIS.

Ce vin-là est bon. Quoi, tu manges le haut du corps ?

LA BRIE.

Ma foi, oui.

COMTOIS.

Oh, je m'en vais manger son aile.

LA BRIE.

Attends donc.

COMTOIS.

Je suis ton serviteur, je veux en avoir autant que toi.

LA BRIE.

Tu es bien gourmand ?

COMTOIS.

Tu ne l'es pas, toi ? ah çà, buvons, buvons.

LA BRIE.

Prends ton verre. *Ils boivent.*

COMTOIS.

À présent, que ferons-nous, quand il s'éveillera ?

LA BRIE.

Je n'en sais rien. Buvons pour nous aviser.

COMTOIS.

Il ne reste plus rien dans la bouteille.

LA BRIE.

Non ? Et que dira Dame Jeanne, quand elle verra la bouteille vide ?

COMTOIS.

Et les restes du poulet ?

LA BRIE.

Ma foi, elle dira ce qu'elle voudra. Attends, le voilà qui remue.

COMTOIS.

Comment ferons-nous ? que dirons-nous ?

LA BRIE.

Tiens, mets tous les os sur son assiette, et dis comme moi.

COMTOIS.

Oui, oui, ne t'embarrasse pas.

LA BRIE.

Paix donc.

M. D'ORVILLE, *se frottant les yeux.*

Hé-bien, qu'est-ce que vous faites là vous autres ?

LA BRIE.

Monsieur, nous attendons. *À Comtois*, rince son verre, et mets de l'eau dedans.

M. D'ORVILLE.

Hé bien, ces coquins-là ne veulent donc pas me donner mon poulet ?

LA BRIE.

Votre poulet, Monsieur ?

M. D'ORVILLE.

Oui ; comment depuis deux heures j'attends.

LA BRIE.

Que vous attendez, Monsieur ; vous badinez, il est bien loin.

M. D'ORVILLE.

Comment bien loin ! qu'est-ce que cela veut dire ?

LA BRIE.

Tenez, Monsieur, regardez devant vous.

M. D'ORVILLE.

Quoi !

LA BRIE.

Vous ne vous souvenez pas que vous l'avez mangé ?

M. D'ORVILLE.

Moi !

LA BRIE.

Oui, Monsieur.

COMTOIS.

Monsieur a dormi depuis.

M. D'ORVILLE.

Je n'en reviens pas ! je l'ai mangé ?

LA BRIE.

Oui, Monsieur, et vous n'avez rien laissé ; voyez.

M. D'ORVILLE.

Je l'ai mangé ! c'est incompréhensible ! et je meurs de faim.

COMTOIS.

Cela n'est pas étonnant, vous n'aviez rien dans le corps ; cela a passé tout de suite en dormant.

M. D'ORVILLE.

Mais je voudrais boire un coup, du moins.

LA BRIE.

Vous avez tout bu. Nous ne vous avons jamais vu une soif et un appétit pareils.

M. D'ORVILLE.

Je le crois bien ; car je l'ai encore.

COMTOIS.

C'est sûrement la médecine, qui fait cela. Monsieur veut-il un verre d'eau ?

M. D'ORVILLE.

Un verre d'eau ?

COMTOIS.

Oui, pour vous rincer la bouche ; parce que nous irons dîner, nous, après cela.

M. D'ORVILLE.

Je n'y comprends rien. *Il se rince la bouche.*

LA BRIE, *à Comtois, bas.*

Tu vois bien que Dame Jeanne n'aura rien à dire non plus.

SCÈNE IV.

M. D'ORVILLE, M. FRÉMONT, LA BRIE, COMTOIS.

LA BRIE, *annonçant.*

Monsieur Frémont.

M. FRÉMONT.

Hé bien, la médecine, depuis ce matin ?

M. D'ORVILLE.

Ah, Monsieur, elle m'a donné un appétit dévorant.

M. FRÉMONT.

Tant mieux, cela prouve qu'elle a balayé le reste des humeurs.

COMTOIS.

C'est ce que nous avons dit à Monsieur.

M. D'ORVILLE.

Mais, Monsieur, je meurs de faim.

M. FRÉMONT.

N'avez-vous pas mangé votre aile de poulet, comme je vous l'avais ordonné ?

LA BRIE.

Bon ! Monsieur a bien plus fait, il a mangé le poulet tout entier.

M. FRÉMONT, *en colère.*

Le poulet entier !

COMTOIS.

Et bu sa bouteille de vin.

M. FRÉMONT, *en colère.*

Sa bouteille de vin et un poulet !

M. D'ORVILLE.

Hé, Monsieur, je mourais de faim.

M. FRÉMONT, *en colère.*

Vous mouriez de faim ! vous n'êtes pas plus raisonnable que cela ?

M. D'ORVILLE.

Hé, Monsieur, c'est comme si je n'avais rien mangé, je me sens toujours le même besoin.

M. FRÉMONT, *en colère.*

Le même besoin ! n'êtes-vous pas honteux ! Ne voyez-vous pas que ce sont vos entrailles qui sont irritées ?

M. D'ORVILLE.

Mais, Monsieur, considérez…

M. FRÉMONT, *en colère.*

Je vous ordonne une aile de poulet, et… allez, allez, Monsieur, avec une intempérance comme celle-là, vous ne méritez pas qu'on s'attache à vous, et qu'on en prenne soin.

M. D'ORVILLE.

Mais, je vous prie…

M. FRÉMONT.

Non, Monsieur, il faut vous mettre à la diète, pendant huit jours.

M. D'ORVILLE.

Ah, Monsieur Frémont !

M. FRÉMONT.

À l'eau de poulet.

M. D'ORVILLE.

À l'eau de poulet ?

M. FRÉMONT.

Oui, si vous ne voulez pas avoir une maladie épouvantable, une inflammation !… ou bien je ne vous verrai plus, je ferai mieux.

M. D'ORVILLE.

Quoi, Monsieur Frémont, vous pourriez m'abandonner ?

M. FRÉMONT.

Oui Monsieur si vous ne faites tout ce que je vous dirai.

M. D'ORVILLE.

Mais, Monsieur, rien que de l'eau de poulet ?…

M. FRÉMONT.

Ah, vous ne voulez pas ? adieu, Monsieur.

M. D'ORVILLE.

Et non, Monsieur, j'en prendrai. Allez-vous-en tous deux, dire qu'on en fasse tout à l'heure.

LA BRIE.

Oui, Monsieur.

M. FRÉMONT.

Non pas pour aujourd'hui, de l'eau de chiendent[5], seulement.

M. D'ORVILLE.

De l'eau de chiendent !

---

[5] Herbe commune.

M. FRÉMONT.

Oui, Monsieur, il faut laver.

M. D'ORVILLE.

Et vous reviendrez ?

M. FRÉMONT.

À cette condition-là.

M. D'ORVILLE.

Si vous me le promettez, je ferai tout ce que vous voudrez. Je vais vous suivre jusqu'à ce que vous m'ayez donné votre parole.

M. FRÉMONT.

Nous verrons comment vous vous conduirez. *Ils sortent.*

Fin du troisième Proverbe.

Explication du Proverbe :

3. *Les battus payent l'amende.*

LE SOURD

Quatrième proverbe[1]

Édition de Sylvain Ledda

---

[1] Dans l'édition Merlin de 1768, tome premier, première partie. Figure également dans le tome 13 du *Recueil général des proverbes dramatiques en vers et en prose, tant imprimés que manuscrits*, Londres, Paris, chez les libraires qui vendent les nouveautés, 178.

NOTICE

Surdité et mutisme sont deux ressorts éprouvés de la comédie. Dans *Le Médecin malgré lui*, Lucinde feint d'être muette pour ne pas suivre les projets matrimoniaux de son père. Or dans le proverbe de Carmontelle, le sourd est bien atteint de l'infirmité qui oblige les autres personnages à parler haut. Bien que cette indication ne soit pas donnée par les didascalies, elle est implicite puisque M. de L'Orme ne comprend pas ce qu'on lui dit et déforme systématiquement les propos de ses interlocuteurs. Ce ressort comique entraîne quiproquos et comique de situation. Comme le rappelle en effet Jean-Claude Yon, « si les pièces avec des personnages de sourds sont nombreuses, ces personnages, dans la plupart des cas, ne sont créés par les auteurs dramatiques que pour permettre des effets comiques – très efficaces sans doute mais également très répétitifs[2]. » Dans *Le Sourd*, publié en 1768, l'infirmité qui frappe le père rencontre aussi une certaine actualité sociale et médicale. C'est à partir de 1760 que l'abbé Charles-Michel de L'Épée commence à mettre en place le système de la langue des signes.

Le type du sourd n'a pas seulement inspiré Carmontelle en son temps. Une comédie-proverbe de La Chabeaussière intitulée *Le Sourd* est créée sur la scène de l'Ambigu-comique en août 1780. Mais la pièce n'a pas grand rapport avec le proverbe de Carmontelle, à l'exception de l'infirmité qui frappe le personnage principal, M. Duroreil. En 1791, Joseph Patrat fait jouer rue de Louvois une comédie en un acte, *Le Sourd et l'aveugle* – notons que dans cette pièce, on retrouve le

---

[2] Jean-Claude Yon, « *L'Abbé de l'Épée* de Bouilly : les sourds-muets sur scène au XIXe siècle », dans *L'Altérité en spectacle 1789-1918*, Isabelle Moindrot et Nathalie Coutelet dir., Rennes, Presses Universitaires de Rennes, 2015, p. 163.

même usage codifié de l'onomatopée « hem » pour suggérer la surdité du personnage principal. *Le Sourd ou l'Auberge pleine* enfin, créée en 1790 au théâtre Montansier, exploite avec brio l'infirmité en jouant sur les malentendus et les quiproquos. Reprise au XIXe siècle et adaptée en opéra-comique par Adolphe Adam en 1853, la comédie prouve à elle seule l'efficience de la surdité dans le théâtre comique. La pièce figure dans le recueil illustré de 103 dessins aquarellés par Carmontelle, conservé au Musée Condé de Chantilly[3].

S.L.

[3] Numéro d'inventaire DE 1171-4. Autre numéro : Ms 394.

PERSONNAGES

M. DE L'ORME, *sourd ; en habit brun, veste d'or, grande perruque et une canne.*

Mlle. DE L'ORME, *fille de M. de l'Orme, mise simplement.*

M. DE MIRVILLE, *bien mis.*

M. DUMONT, *habit de drap galonné, la veste de même.*

HENRIETTE, *Femme de chambre de Mlle de l'Orme, en Femme de chambre.*

M. RONSIN, *Notaire, en habit noir et grande perruque.*

La scène est chez M. de l'Orme, dans un salon.

SCÈNE PREMIÈRE.

M. DE L'ORME, Mlle DE L'ORME.

M. DE L'ORME.

Ah çà, ma fille je, n'ai point voulu vous parler de mariage jusqu'à présent ; mais vous verrez arriver aujourd'hui le fils de Monsieur Dumont, qui est un garçon sage, aimable, que je vous destine ; il vient ici par le carrosse de Tours, préparez-vous à le bien recevoir.

Mlle. DE L'ORME.

Mais, mon père, je ne veux point me séparer de vous, et je n'ai point envie de me marier.

M. DE L'ORME.

Vous serez ravie de vous marier ? je le crois bien. Je voudrais voir le contraire, quand c'est moi qui ai arrangé cette affaire depuis plus de dix ans.

Mlle. DE L'ORME.

Je ne dis pas cela, mon père, je dis que rien ne presse et que je veux rester avec vous.

M. DE L'ORME.

Vous marier paraît doux ; parce que c'est ma volonté apparemment ?

Mlle. DE L'ORME.

Mais mon père…

M. DE L'ORME.

Hem ?

Mlle. DE L'ORME.

Je ne dis pas cela.

M. DE L'ORME.

Vous aimez cela ; voilà ce qu'une fille ne doit pas dire ; mais aujourd'hui, je vous le passe. Il ne faut pourtant pas que Monsieur Dumont le sache ; songez toujours à le bien recevoir.

Mlle DE L'ORME.

Vous ne m'entendez pas.

M. DE L'ORME.

Que je ne m'y attende pas ?

Mlle DE L'ORME.

Je vous dis, mon père, que je ne veux pas me marier sitôt.

M. DE L'ORME.

Il faut vous marier au plutôt ? hé bien, puisque vous êtes si pressée, je ne veux pas perdre de temps, je suis de votre avis ; je m'en vais chez mon Notaire faire dresser les articles, je ne veux pas que cela traîne ; peste, avec cet empressement-là, on ne sait pas ce qu'il peut arriver.

Mlle DE L'ORME.

Mais, mon père, écoutez donc mes raisons.

M. DE L'ORME.

Oh, je le crois bien, que vous trouvez que j'ai raison. À la bonne heure ; c'est toujours bien fait de s'expliquer, on ne se querelle jamais que faute de s'entendre. Je n'ai plus que faire de vous recommander de bien recevoir Monsieur Dumont. Adieu, adieu, je reviendrai bientôt.

SCÈNE II.

Mlle DE L'ORME, HENRIETTE.

HENRIETTE.

Hé bien, Mademoiselle ; avez-vous parlé à Monsieur votre père ? est-il vrai que son Monsieur Dumont arrive aujourd'hui ?

Mlle DE L'ORME.

Il n'est que trop vrai !

HENRIETTE.

De quoi êtes-vous convenue avec lui ?

Mlle DE L'ORME.

De rien ; je n'ai jamais pu m'en faire entendre.

HENRIETTE.

Cela est quelquefois commode d'avoir un père ou un mari sourd ; mais non pas dans ce moment-ci, où il n'y a pas de temps à perdre. Cependant il faut que vous sachiez une chose ; c'est que votre amant du couvent est ici.

Mlle DE L'ORME.

Le Chevalier de Mirville ! Et comment cela ?

HENRIETTE.

Il a appris à Tours, que Monsieur Dumont mariait son fils à Paris, à la fille de Monsieur de L'Orme, il est parti sur le champ ; il veut vous parler, il croit que vous le trahissez et que vous consentez à ce mariage ; je l'ai vu, il va venir ici dans le moment.

Mlle DE L'ORME.

Ah, qu'il s'en garde bien ! mon père va rentrer : Henriette, va plutôt le trouver, dis-lui bien…

HENRIETTE.

Ma foi, Mademoiselle, dites-lui vous-même, car le voilà.

SCÈNE III.

Mlle DE L'ORME, M. DE MIRVILLE, HENRIETTE.

M. DE MIRVILLE.

Oui, Mademoiselle ; c'est moi qui veux savoir de vous-même si vous m'abandonnez, si vous m'avez assez peu aimé, pour consentir aujourd'hui à en épouser un autre ?

Mlle DE L'ORME.

Ah, Chevalier, pouvez-vous avoir cette pensée ? mais si vous m'aimez encore, à quoi m'exposez-vous par cette imprudence ? mon père peut nous surprendre, fuyez promptement.

M. DE MIRVILLE.

Ne craignez rien, il ne me connaît pas et il me sera facile de le tromper : mais dites-moi donc quel est votre dessein et comment parer ce mariage odieux ? Il n'y a rien que je ne fasse pour le rompre, si vous y consentez, et si vous m'aimez encore.

Mlle DE L'ORME.

Ah, Chevalier, si je vous aime !...mais comment parvenir seulement à éloigner ce mariage ?

M. DE MIRVILLE.

En ayant la fermeté de refuser celui qu'on vous propose.

Mlle DE L'ORME.

Mais, si mon père veut absolument me forcer.

M. DE MIRVILLE.

Vous forcer ! le peut-il ? est-il maître de vous faire signer malgré vous ? il vous mettra dans un couvent, mais peut-il vous faire religieuse sans votre consentement ? il est question du bonheur de votre vie, du mien, vous dites que vous m'aimez, et vous croyez que je souffrirai…

Mlle. DE L'ORME.

Comment ?…

M. DE MIRVILLE.

Non, ne croyez pas que Dumont vous épouse tant que je vivrai.

HENRIETTE.

Mais, Mademoiselle, Monsieur le Chevalier a raison ; qui peut engager Monsieur votre père à faire ce mariage ? connaît-il seulement celui qu'on vous destine ? c'est le fils d'un de ses anciens amis ; mais il ne l'a jamais vu. On marie les enfants comme on vend son cheval ; on dit toujours que c'est la meilleure acquisition qu'on puisse proposer, et l'on ne cherche qu'à s'en défaire et à se tromper l'un l'autre.

M. DE MIRVILLE.

Et l'on désunit deux cœurs que le Ciel semblait avoir formés pour faire leur bonheur.

HENRIETTE.

J'entends quelqu'un. Ah ! c'est Monsieur votre père, Mademoiselle.

M. DE MIRVILLE.

Soyez tranquille, et laissez-moi faire.

SCÈNE IV.

M. DE L'ORME, Mlle DE L'ORME,

M. DE MIRVILLE, HENRIETTE.

M. DE L'ORME, *embrassant M. de Mirville.*

Hé le voilà, ce cher enfant ! embrasse-moi.

M. DE MIRVILLE.

Monsieur…

HENRIETTE.

D'où connaît-il donc le Chevalier, Mademoiselle ?

Mlle. DE L'ORME.

Je n'en sais rien.

M. DE MIRVILLE.

Monsieur, j'arrive dans l'instant de Versailles

M. DE L'ORME.

De Marseille ! mais tu rêves. Ton père m'a écrit que tu n'étais jamais sorti de Tours.

M. DE MIRVILLE.

Mon père ?

M. DE L'ORME.

Par terre ? ah, c'est que tu as voyagé par la Loire apparemment ; c'est une belle rivière[4]. Hé bien, dis-moi donc, pourquoi ne vient-il pas aussi le bon homme Dumont ? est-ce qu'il est toujours aussi indéterminé que de mon temps ? c'est insupportable !

---

[4] La Loire est un fleuve navigable, ce qui rend le propos de M. de L'Orme vraisemblable.

HENRIETTE, *à M. de Mirville.*

Il vous prend pour son gendre futur, profitez de la circonstance.

M. DE MIRVILLE.

Il engage fort à le tromper, toujours.

M. DE L'ORME.

Tu ne dis rien. Est-ce que tu n'es pas content de ma fille ? quant à moi, je la trouverais bien dégoûtée, si elle ne t'aimait pas déjà.

M. DE MIRVILLE.

Monsieur, elle a trop d'appâts…

M. DE L'ORME.

Quand nous ferons le contrat ? ah, voilà un empressement qui me plaît ; mais ce sera tout à l'heure, je viens de chez mon notaire qui doit se rendre ici, tout est arrangé.

SCÈNE V.

M. DE L'ORME, Mlle DE L'ORME, M. DE MIRVILLE,
M. RONSIN, HENRIETTE, UN LAQUAIS.

LE LAQUAIS.

Monsieur Ronsin.

M. DE L'ORME.

Qu'est-ce que tu dis ? approche ici.

LE LAQUAIS.

Monsieur Ronsin, Monsieur.

M. DE L'ORME.

Ah, le voilà, Monsieur Ronsin ! vous ne pouviez pas venir plus à propos. Asseyons-nous. Tenez, voilà mon gendre.

M. RONSIN.

Monsieur, Mademoiselle votre fille doit en être contente.

M. DE L'ORME.

Combien il a de rentes ? voilà bien comme sont les gens d'affaires, ils n'estiment un homme que selon le revenu qu'il a ; pour moi celui-ci me plaît fort.

HENRIETTE, *à M. de Mirville.*

Cet homme-ci est incorruptible, je vous en avertis, et je ne sais pas comment vous sortirez de ceci.

M. DE MIRVILLE.

Ma foi, ni moi non plus. Nous verrons.

M. RONSIN.

Monsieur, je n'ai pas mis vos qualités ; parce que je ne les savais pas. Il ne manque que cela au contrat.

M. DE MIRVILLE.

Je vous les dicterai.

M. DE L'ORME.

Qu'est-ce qu'il dit ?

M. RONSIN.

Qu'il va me dicter ses qualités.

M. DE L'ORME.

Que vous êtes entêté ? il vous connaît bien.

M. RONSIN.

Allons, Monsieur, quand il vous plaira.

M. DE MIRVILLE.

Mettez, Germain de Monfort, Chevalier de Mirville.

M. RONSIN.

Mais ce n'est pas ce nom-là que Monsieur de L'Orme m'avait dit ?

M. DE MIRVILLE.

C'est qu'il ne le savait pas.

Mlle. DE L'ORME.

Henriette, je tremble.

M. DE L'ORME.

Qu'est-ce qu'il dit ?

M. RONSIN.

Qu'il s'appelle Monfort de Mirville.

M. DE L'ORME.

Mirtil, c'est un nom de Berger[5] ; tant mieux, ce sera un mari constant, ma fille. Mais pourquoi Mirtil ?

M. DE MIRVILLE.

C'est un nom de terre[6].

M. DE L'ORME.

C'est le nom de ton père, je ne savais pas cela moi ; pourquoi diable a-t-il deux noms ?

---

[5] Allusion exacte, que les contemporains de Carmontelle pouvaient saisir ; Mirtil est le nom donné au berger dans de nombreuses pastorales, mais également dans des opéras comiques ; Mirtil est également le personnage principal du ballet à succès, *La Guirlande, ou Les Fleurs enchantées*, représenté en 1751 à la suite des *Indes galantes* de Rameau.

[6] Détail exact ; la famille et la baronnie de Mirville sont attestées depuis le XVe siècle ; les Mirville ont occupé le château situé dans le village du même nom en Seine-Maritime ; Pierre de Coubertin, inventeur des Jeux Olympiques et descendant des Mirville, a vécu dans ce château.

M. RONSIN.

Vos qualités ?

M. DE MIRVILLE.

Capitaine de Grenadiers[7] au Régiment de Forêt.

M. RONSIN.

Fort bien.

M. DE L'ORME.

Après ?

M. RONSIN.

Capitaine de Grenadiers au Régiment de Forêt.

M. DE L'ORME.

Maître particulier des Eaux et forêts[8] ; c'est une belle charge[9] ; mais ton père ne m'avait pas mandé un mot de cette charge. À la bonne heure.

M. RONSIN.

Monsieur de L'Orme, je ne comprends rien à cela.

M. DE L'ORME.

Vous entendez bien cela, et moi aussi.

M. RONSIN.

Mais il n'y a pas un mot de tout ce que vous m'avez dit chez moi.

---

[7] Régiment d'infanterie créé en 1749 ; M. de Mirville tient un haut grade, puisque chaque compagnie est commandée par un capitaine.

[8] Créée sous le règne de Philippe Le Bel, la charge de maître des Eaux et Forêts consiste à surveiller et contrôler les forêts royales ; en 1669, Colbert fixe leur administration en deux corps distincts : dix-huit grandes maîtrises, cent-trente-quatre maîtrises.

[9] Il s'agit en effet d'une position tout à fait enviable : La Fontaine fut maître des Eaux et Forêts, charge acquise par son grand-père et qu'il hérita de son père.

M. DE L'ORME.

Je suis servi sur les deux toits[10] ? hé mais je le crois bien, je ne fais que de bonnes affaires, moi ; signons, signons.

M. RONSIN.

Mais auparavant, songez à ce que vous allez faire, je ne vous conseille pas de signer.

M. DE L'ORME.

Si mon gendre voudra signer ?

M. DE MIRVILLE.

Ah, Monsieur, je ne demande pas mieux et rien ne peut m'arrêter.

M. DE L'ORME.

Oui, oui, vous avez raison, il est vieux et ne fait que radoter ; signons, signons. *Ils signent tous.*

M. RONSIN.

Ma foi, comme vous voudrez, cela ne me fait rien du tout.

M. DE MIRVILLE.

Monsieur Ronsin, il n'y a pas de votre faute, laissez les choses comme elles sont.

M. RONSIN.

Moi, Monsieur, quand un acte est passé et signé, je ne veux rien y changer ; si tout cela vous rend heureux, Mademoiselle et vous j'en serai charmé. Serviteur. *Il sort.*

---

[10] Formule empruntée au jeu de paume, qui signifie jeter habilement la balle de manière qu'elle aille sur les deux toits avant de tomber ; expression familière qui veut dire qu'on fournit à quelqu'un l'occasion de faire avec facilité ce qu'il désire.

SCÈNE VI.

M. DE L'ORME, Mlle DE L'ORME,

M. DE MIRVILLE, HENRIETTE.

M. DE L'ORME.

Qu'est-ce qu'il vous a dit là ? vous l'avez connu d'abord ; il est vrai qu'il est d'un entêtement à impatienter. Ah, il faut que je lui dise un mot. *Il va pour sortir et il revient.*

M. DE MIRVILLE.

Croyez-vous à présent que notre bonheur ne soit pas entièrement assuré ?

Mlle. DE L'ORME.

Je n'ose encore m'en flatter. Mon père revient.

M. DE L'ORME.

Oh, je lui parlerai demain. Oui mes enfants, je ne veux pas vous quitter.

SCÈNE VII.

M. DE L'ORME, Mlle DE L'ORME, M. DE MIRVILLE,

M. DUMONT, HENRIETTE, UN LAQUAIS.

LE LAQUAIS.

Monsieur Dumont, Monsieur.

M. DE L'ORME.

Hé bien le voilà. Pourquoi crier si fort ? il semble qu'il parle à un sourd. *À M. Dumont.* Ah ! Monsieur, qu'est-ce que vous voulez ?

Mlle. DE L'ORME.

Ah ! Chevalier.

HENRIETTE, *à M. Dumont.*

Vous voyez que Monsieur de L'Orme n'aime pas qu'on crie en lui parlant.

M. DE L'ORME.

Hé bien, parlez donc.

M. DUMONT.

Monsieur, je n'ai pas l'honneur d'être connu de vous ; mais vous saurez qui je suis, quand vous aurez lu la lettre de mon père.

M. DE L'ORME.

Une lettre d'affaire, nous verrons cela demain. *Il met la lettre dans sa poche.*

M. DUMONT.

Mais, Monsieur…

M. DE L'ORME.

Vous voulez peut-être une réponse. Allons, allons. Mon gendre, vous voulez bien ?

M. DUMONT.

Son gendre !

M. DE L'ORME. *Il lit.*

Hum, hum, hum,… ah, le pauvre bon homme ! hum, hum… Fort bien, fort bien. C'est une lettre de votre père : mais pourquoi ne me l'avez-vous pas remise ? ah, c'est que vous l'aviez oubliée, et vous l'avez envoyé chercher, à M. Dumont. Allons, c'est bon, laissez-nous.

M. DUMONT.

Comment, Monsieur, auriez-vous pris mon nom pour…

M. DE MIRVILLE.

Non, Monsieur, et vous pouvez voir le contrat qui vient d'être signé ; j'aimais Mademoiselle et son père vient de me l'accorder.

M. DUMONT.

J'entends, Monsieur, je serais fâché de troubler votre bonheur ; mais Monsieur de L'Orme a tort de venir me faire essuyer un affront ; oui, Monsieur de L'Orme.

M. DE L'ORME.

Qu'est-ce qu'il a donc ?

M. DUMONT, *criant.*

Monsieur, je me nomme Dumont.

M. DE L'ORME.

Vous ?

M. DUMONT, *criant.*

Oui, Monsieur et il n'est pas honnête à vous de me faire venir ici pour me manquer de parole.

M. DE L'ORME.

Comment ?

M. DUMONT, *criant.*

Vous venez d'accorder Mademoiselle votre fille, à Monsieur.

M. DE L'ORME.

Sans doute, est-ce que vous êtes son frère ?

M. DUMONT, *criant.*

Non, Monsieur, mais il ne se nomme pas Dumont.

M. DE L'ORME.

Je le sais bien.

M. DUMONT, *criant.*

Et c'est moi qui venais pour l'épouser.

M. DE L'ORME.

Et pour me quereller. Allons, allons ; laissez-nous. Va j'écrirai à ton père. Ah, parbleu, j'aurais eu là un joli gendre, moi qui aime la paix.

Mlle. DE L'ORME.

Monsieur, je ne savais pas que mon père vous choisirait quand j'ai aimé Monsieur le Chevalier, et lui-même n'a rien fait dont vous puissiez vous plaindre.

M. DUMONT.

Je le crois, Mademoiselle, j'ai l'honneur de le connaître ; et en vous voyant, je sens tout ce que je perds, mais rien ne me fera troubler une si belle union ; je suis seulement fâché que vous ayez pu le craindre un instant, et je me retire.

SCÈNE VIII.

M. DE L'ORME, Mlle DE L'ORME,
M. DE MIRVILLE, HENRIETTE.

M. DE L'ORME.

Mais voyez un peu ce petit Monsieur-là, qui arrive de Tours pour me quereller. Est-ce ma faute à moi ? que n'arrivait-il plutôt.

Mlle. DE L'ORME.

Ah, mon père !

M. DE MIRVILLE.

Ah, Monsieur !

M. DE L'ORME.

Demain nous éclaircirons tout cela.

M. DE MIRVILLE.

J'espère que vous serez content.

M. DE L'ORME.

C'est attendre longtemps ? vous êtes impatient : mais je vous le pardonne ; parce que vous m'avez débarrassé de ce petit Dumont qui ne me convenait point du tout ; mais laissons tout cela et allons-nous en souper.

Fin du quatrième Proverbe.

Explication du Proverbe :

4. *Le premier venu engraine.*

LES DEUX AMIS

Neuvième Proverbe[1]

Édition de Marie-Emmanuelle Plagnol-Diéval

---

[1] Dans l'édition Merlin de 1768, tome premier, première partie. Figure également dans le tome 14 du *Recueil général des proverbes dramatiques en vers et en prose, tant imprimés que manuscrits*, Londres, Paris, chez les libraires qui vendent les nouveautés, 1785.

NOTICE

Les Deux amis offrent une variation insolite sur le thème comique rebattu du cocuage. Le proverbe opte pour un cadre social populaire avec deux petits commerçants, réaliste dans son décor à la mode de café que développent les quelques répliques avec le garçon, échanges dans lesquels les deux amis font montre d'une autorité factice démentie par la suite de leur dialogue. En effet, l'intérêt de leur conversation, truffée de réticences verbales et de proverbes populaires qui masquent une réalité qui se dérobe, n'est pas là. Il est dans la cascade de révélations sur les infidélités de leurs épouses et la filiation de leurs filles respectives Javotte Rasignac et Louison La Corne. La conversation confine à l'absurde. Elle perd le spectateur-lecteur dans une série d'infidélités féminines, réelles ou supposées en fonction des ressemblances physiques d'une des fillettes avec les garçons de boutique de Rasignac et des parrainages des deux enfants. Ces derniers sont à la fois des aveux de paternité biologique et un arrangement réciproque trouvé par les deux amis pour faire taire le qu'en dira-t-on. Le mot « les deux font la paire » renvoie à leur étrange amitié de cocus contents et le proverbe s'achève sur une pirouette de mise en abyme avec une allusion à des joueurs de proverbes comme si tout n'était que théâtre. La pièce figure dans le recueil illustré de 103 dessins aquarellés par Carmontelle, conservé au Musée Condé de Chantilly[2]. Le dessin montre les deux amis attablés en terrasse.

M-E P-D.

[2] Numéro d'inventaire DE 1171-9. Autre numéro : Ms 394.

PERSONNAGES.

RASIGNAC, *perruquier.*
LA CORNE, *marchand de peignes*[3].
UN GARÇON, *cafetier.*

La scène est à la porte d'un café du Boulevard[4].

[3] Les patronymes renvoient respectivement à l'origine gasconne et au métier des deux personnages.

[4] Lieu à la mode de promenade et de divertissement sur les anciens emplacements des fortifications parisiennes.

SCÈNE PREMIÈRE.

RASIGNAC, LA CORNE.

RASIGNAC.

Hé sandis[5], Monsieur de la Corne, je vous trouve donc enfin ; je viens de chez vous pour avoir des peignes, l'on m'a dit que vous étiez sorti.

LA CORNE.

Oui, j'étais allé voir jouer à la boule, sur le Boulevard. Est-ce que ma femme ne vous en a pas donné des peignes ?

RASIGNAC.

Si fait, si fait ; mais c'est que je voulais boire une bouteille de vin avec vous.

LA CORNE.

Hé bien, au lieu de vin, buvons de la bière, il fait assez chaud aujourd'hui pour cela.

RASIGNAC.

Voilà justement une table, mettons-nous là.

LA CORNE.

Oui, nous serons plus à l'air.

RASIGNAC.

Garçon ? *Ils s'asseyent.*

---

[5] Juron gascon pour « par le sang de Dieu ».

SCÈNE II.

RASIGNAC, LA CORNE, UN GARÇON.

LE GARÇON.

Qu'est-ce qu'il y a pour ces Messieurs !

RASIGNAC.

Une bouteille de bière.

LE GARÇON.

Vous allez être servis dans le moment.

LA CORNE.

Donnez-nous de la meilleure au moins.

LE GARÇON.

Monsieur, nous n'en avons pas d'autre.

LA CORNE.

C'est qu'il faut un peu parler à ces messieurs-là.

RASIGNAC.

Sans doute, sans doute, je n'y manque jamais, moi.

LE GARÇON.

Tenez, Messieurs, voilà ce qu'on appelle une bonne bouteille de bière.

LA CORNE.

C'est bon.

LE GARÇON.

Il ne faut pas autre chose à ces messieurs ?

RASIGNAC.

Non, non.

SCÈNE III.

RASIGNAC, LA CORNE.

LA CORNE.

Nous allons boire à la santé de Madame Rasignac.

RASIGNAC.

Et à celle de Madame de la Corne.

LA CORNE.

Ah, Madame de la Corne, elle ne ressemble pas à Madame Rasignac.

RASIGNAC.

Vous lui faites bien de l'honneur, mais il ne faut pas parler de corde, dans la maison d'un pendu[6].

LA CORNE.

Comment, Monsieur Rasignac, qu'est-ce que vous voulez dire ?

RASIGNAC.

Hé, mon Dieu, vous le savez mieux que moi ; quand on est dans le cas où nous sommes tous les deux… Cependant, je ne veux pas dire… Allons, allons, avalez cela… Vous m'entendez bien ; à votre santé, Monsieur de La Corne.

LA CORNE.

À la vôtre. *Ils choquent et boivent.*

RASIGNAC.

Tenez, quand on a un ami comme vous, Monsieur de La Corne, cela console de tout.

---

6 « On dit proverbialement, qu'*Il ne faut pas parler de corde dans la maison d'un pendu*, pour dire, qu'Il ne faut pas parler de certaines choses odieuses, qui peuvent être reprochées à ceux devant qui l'on parle », (*Acad.* 1762).

LA CORNE.

C'est vrai, au moins cela, il faut se faire un calus[7] sur le front, les paroles ne puent pas[8].

RASIGNAC.

Non ; mais c'est que vous savez bien ma petite Javotte, qui est si gentille ?

LA CORNE.

Oui, oui.

RASIGNAC.

Hé bien, tenez, je trouve qu'elle ressemble à du Croc.

LA CORNE.

Votre garçon de boutique ?

RASIGNAC.

Oui, entre amis, là, qu'en dites-vous ? Personne ne nous entend.

LA CORNE.

Non ; je ne le trouve pas, à vous parler naturellement. Vous sentez bien que je ne veux pas vous tromper, je suis trop de vos amis pour cela.

RASIGNAC.

Tout de bon ?

LA CORNE.

D'honneur.

---

[7] *Calus* : « Espèce de nœud qui se forme d'une humeur épaissie, et qui rejoint les parties d'un os rompu [...]. Il signifie figurément, un endurcissement d'esprit et de cœur, qui se forme par la longue habitude », (*Acad.* 1762). Allusion aux cornes du cocuage.

[8] « On dit proverbialement quand on se trouve obligé de nommer quelque ordure, que *Les paroles ne puent point*, (*Acad.* 1762).

RASIGNAC.

Hé bien, vous me remettez l'esprit.

LA CORNE.

Et si vous voulez que je vous parle en honnête homme, comme cela se doit, je vous dirai que je trouve qu'elle ressemble plutôt…

RASIGNAC.

À sa mère ?

LA CORNE.

Non, non.

RASIGNAC.

À moi ?

LA CORNE.

Non pas ; à chose…

RASIGNAC.

Qui cela ?

LA CORNE.

Et, que vous aviez avant du Croc.

RASIGNAC.

Morin ?

LA CORNE.

Justement.

RASIGNAC.

Hé, mais écoutez donc, il était son parrain[9], et les parrains… tout cela… Vous entendez bien, souvent…

[9] Le parrainage est une forme de parenté parallèle qui fait des parrains et marraines des parents spirituels mais peut également cacher le père biologique

LA CORNE.

Oui, oui ; voilà pourquoi j'ai été le parrain de votre dernière petite.

RASIGNAC.

Louison ?

LA CORNE.

Oui, oui.

RASIGNAC.

Et moi donc, n'ai-je pas été le parrain de votre petite Javotte ?

LA CORNE.

Sans doute, mais était-ce aussi à cause de…

RASIGNAC.

Oui, voilà pourquoi.

LA CORNE.

Ah, cela fait une différence ; je ne m'étonne plus si ma femme ne voulait pas que ce fût mon oncle.

RASIGNAC.

Nous avions arrangé cela ensemble tous les deux.

LA CORNE.

Voyez ce que c'est ; je ne l'aurais jamais cru.

RASIGNAC.

Convenez que c'était bien imaginé ; parce que voilà qu'est bien, on dit tout-ci, tout-çà, et par ce moyen, on fait taire les mauvaises langues.

---

dans le cadre d'une relation extra-conjugale.

LA CORNE.

Comme vous dites, et l'on n'en est pas moins amis.

RASIGNAC, *choquant.*

A vous de tout mon cœur, mon compère.

LA CORNE.

Et moi, du mien. *Ils boivent.*

RASIGNAC.

Ah ça, une autre fois, nous parlerons de cela un peu plus au long. *Il se lève.*

LA CORNE.

Où allez-vous donc ?

RASIGNAC.

Chez moi, emballer des vieilles perruques pour des joueurs de proverbes.

LA CORNE.

C'est bien fait. Je vais m'en aller avec vous, nous causerons en chemin. *Ils s'en vont.*

Explication du Proverbe :

9. Les deux font la paire.

ALMÉNORADE

Tragédie

DIXIÈME PROVERBE[1]

Édition de Marie-Emmanuelle Plagnol-Diéval

[1] Dans l'édition Merlin de 1768, tome premier, première partie. Figure également dans le tome 13 du *Recueil général des proverbes dramatiques en vers et en prose, tant imprimés que manuscrits*, Londres, Paris, chez les libraires qui vendent les nouveautés, 1785 et dans le *Théâtre du XVIIIe siècle*, Bibliothèque de la Pléiade, édition Jacques Truchet, tome II, Paris, Gallimard 1974.

NOTICE

Alménorade, tragédie, en un acte et en vers, mais aussi proverbe dramatique dont le mot est « Souffler n'est pas jouer », publiée en 1768, est exemplaire du traitement parodique infligé à la tragédie par les auteurs de théâtre de société, comme Collé et Carmontelle. L'existence d'une veine parodique pour ces cercles et notamment celui du duc d'Orléans, s'explique. Si la tragédie est rarement jouée par les amateurs, si les auteurs n'en écrivent pas ou peu, spectateurs et auteurs sont, en revanche, friands de la connivence culturelle et du comique facile qui en résultent, mais aussi familiers de la critique adressée au genre noble par excellence. La parodie peut être liée à un texte précis (comme *Ulzette et Zaskin* de Carmontelle qui entre dans la série théâtrale autour d'*Annette et Lubin* de Favart) ou générique comme dans *Criardus et Scandée*, également de Carmontelle, tragédie, en un acte et en vers, publiée en 1781.

Alménorade qui parodie la tragédie orientale, mode amorcée par *Bajazet* et renforcée par le succès de *Zaïre*, cumule les effets parodiques. En un acte et cinq scènes, Carmontelle fait défiler les formes fixes de l'écriture tragique : exposition avec un récit rétrospectif amoureux et guerrier entre le héros et son confident, scène entre l'héroïne et sa confidente, duo amoureux troublé par le rival, projet de fuite des héros découvert par le rival, meurtre au dénouement. Le burlesque ravale l'intrigue à une conquête politico-amoureuse qui se résume à des jeux de mots sur « maroquin, Maroquine et coquine ». L'effet caricatural, accru par le cadre oriental, s'étend aux personnages avec le trio de la femme et des rivaux masculins, le sultan despote qui ne pense qu'à tuer et finit par tourner sa fureur sur le souffleur, le guerrier fier de ses massacres, la confidente qui conseille la duplicité absolue. Le confident fait les frais des plaisanteries dévolues à cette fonction jugée inutile, ne serait-ce que par la rime « souche/bouche ». La parodie est écrite en alexandrins à rimes plates pour authentifier le genre à l'oreille du spectateur, le vocabulaire tragique le plus courant et le plus usé est présent (appâts, charmes, flammes, etc.). Mais les accidents burlesques se multiplient avec des termes bas (« pantoufles »), les rimes cocasses, les sonorités, l'irruption de la prose quand le Sultan se dispute avec le souffleur. En effet, Carmontelle ajoute ce comparse, aisément identifiable à la représentation par son costume et sa place de dos hors-scène, ce que montre le recueil illustré de 103 dessins aquarellés par Carmontelle, daté de 1758 et conservé au Musée Condé du château de Chantilly[2]. Le souffleur intervient à deux reprises, dans les scènes 1 et 5 en encadrement de la tragédie, pour modérer les humeurs meurtrières du héros, une fois à bon escient et une fois par une erreur qui lui sera fatale. Ces deux ruptures de l'illusion dramatique, que le théâtre de société pratique dans les pièces métatextuelles montrant par exemple des acteurs en train de répéter, achèvent de dégonfler l'univers tragique. Elles préparent la dernière réplique du souffleur, ce retour au réel du spectacle comme entreprise payante et le mot final axé sur une dernière pirouette. La pièce semble avoir eu une traduction néerlandaise *Alménorade, boertig treurspel.* Uit het fransch vertaelt door G. Van Gulik[3]. Selon Brenner, la pièce aurait été jouée chez la marquise de Mauconseil à Bagatelle. Récemment, elle a été reprise par la Mercure Compagnie (mise en scène Flore Bernard et Rémi de Fournas) dans un spectacle intitulé « Malheurs aux tragiques – Tragédies burlesques » à l'Hôtel de Chaulnes du 21 janvier au 2 février

---

[2] Numéro d'inventaire DE 1171-10. Autre numéro : Ms 394.

[3] [S.l.] Gedrukt voor de liefhebbers [ca 1780].

1997 (publié avec l'aide de la Fondation Singer-Polignac), ainsi que par la Coriace Compagnie à plusieurs reprises notamment dans le cadre de la Fête des Jardins en septembre 2018 et en juin 2019.

M-E P-D.

PERSONNAGES

LE SULTAN.
ALMÉNORADE, *Princesse.*
ORCANOR, *Général d'Armée.*
ELMIRE, *Confidente d'Alménorade.*
HASSAN, *Confident du Sultan.*
ORMIN, *Confident d'Orcanor.*
DEUX GARDES *du Sultan.*
LE SOUFFLEUR[4].

La Scène est dans le Palais du Sultan.

[4] L'édition Merlin 1768 ne donne pas de précisions pour les costumes, à la différence de certaines éditions postérieures qui précisent « Grand Costume Turc » pour le Sultan et « habit simple, sans chapeau » pour le souffleur.

SCÈNE PREMIÈRE

LE SULTAN, HASSAN

LE SULTAN.

Écoute, cher Hassan, et sois comme une souche[5].
Sur ce que tu sauras, n'ouvre jamais la bouche.

HASSAN.

Seigneur, des confidents je suis le plus discret,
J'entends et ne dis mot, parlez, me voilà prêt.

LE SULTAN.

Tu connais de mes feux le douloureux martyre ;
Mais à toi, mon ami, je ne peux trop le dire :
L'ingrate Alménorade, en consumant mon cœur,
Dans le Prince Orcanor, voit toujours son vainqueur ;
Je n'en saurais douter, son ardeur est extrême.

HASSAN.

Vous le croyez, Seigneur ?

LE SULTAN.

Tout prouve qu'elle l'aime ;
Mais pour m'en assurer, de cet ambitieux
J'avance le retour en ces lieux aujourd'hui.

HASSAN.

Quel est votre projet ? Comment ! Couvert de gloire,
Voulez-vous lui montrer, après cette victoire,
Que sur les Maroquins[6], il vient de remporter ?…

---

[5] La tonalité parodique est enclenchée dès le premier vers, la rime burlesque « souche/bouche » et les interactions verbales entre le sultan et le confident.

[6] La pièce joue sur les deux sens du mot « maroquin », habitant du Maroc et « Cuir de bouc ou de chèvre apprêté avec de la noix de gale », (*Acad.* 1798()

LE SULTAN.

Lorsque je veux parler, veux-tu bien m'écouter :
Fait pour ramper, tu veux, ainsi que le vulgaire,
Pénétrer mes desseins ! c'est le sort ordinaire
De nos ingrats sujets ; leurs désirs curieux,
Sur les décrets du trône osent lever les yeux :
Quand le fer du fourreau, sortant brille et s'apprête,
On voit encor lever leur imprudente tête…
Mais j'entends Orcanor, il vient dans ce séjour
Aux yeux d'Alménorade exprimer son amour ;
De cent coups de poignard, tu vas quand tu te flatte[7],
Sentir percer ton cœur, âme vile, âme ingrate.

Il met la main sur son poignard.

LE SOUFFLEUR[8].

Mais, Monsieur, ce n'est pas encore là le moment de tuer.

LE SULTAN.

Hé, Monsieur, je le sais bien, mêlez-vous de souffler et laissez-moi faire. *Il se redresse.*

Voici quelqu'un, je crois. Je ne me trompe pas.
Ah, c'est Alménorade. Ô Dieux ! Qu'elle a d'appas[9] !

---

effectivement importé du Maroc qui est resté en français moderne (maroquin, maroquinier, maroquinerie…) ce qui permet les jeux de mots burlesques sur les pantoufles (sc. 2). et la rime « Maroquine/coquine » (sc. 5).

7 Licence poétique pour respecter la rime pour l'œil.

8 Comme il se doit, le souffleur qui figure dans la liste des personnages est absent de la liste en tête des scènes, en dépit de son dialogue avec le héros – en prose et non en alexandrins – qui nourrit la parodie tragique.

9 Licence poétique pour respecter la rime pour l'œil.

SCÈNE II

LE SULTAN, ALMÉNORADE, ELMIRE, HASSAN.

ALMÉNORADE.

Je vous cherchais, Seigneur, en ce jour plein de charmes,
Pour vous féliciter sur le sort de vos armes.

LE SULTAN.

Il est pour moi bien doux ; puisque dans le butin,
Pour vos pantoufles, j'ai beaucoup de maroquin :
En voyant à vos pieds cette marque de gloire,
Je goûterai bien mieux le prix de la victoire ;
Mais plus heureux encor, si formant chaque pas,
Elle les dirigeait pour venir dans mes bras :
En partageant mon trône et ma toute-puissance,
Vous verriez votre Roi, sous votre obéissance
N'avoir plus de désirs, ne former plus de vœux,
Que de voir de vos jours, tous les instants heureux.

ALMÉNORADE.

Ô Dieux ! qui, moi, Seigneur ? Je n'y dois point prétendre ;
Vous savez de mon cœur, que l'amour le plus tendre
Ne pourra s'effacer ; vous connaissez mes vœux,
Songez que vous avez approuvé ces beaux feux…

LE SULTAN.

Quoi, vous me résistez ! vous méprisez ma flamme !
Ah, si je m'en croyais[10] !… Je ne dis rien, Madame ;
Mais le Prince Orcanor, que vous allez revoir,
Ne doit plus près de vous, avoir aucun espoir.
Adieu.

---

[10] « S'en croire » signifie « Obéir à un sentiment intime : il n'est pas attesté dans *Acad.* 1762 mais plus tard (*Acad.* 1832-35).

SCÈNE III

ALMÉNORADE, ELMIRE.

ALMÉNORADE.

Que m'a-t-il dit ! quoi, ce n'est pas un songe !
Dans quel abyme affreux un tel amour me plonge !
Le retour d'Orcanor, faisait tout mon bonheur,
Ce retour à présent me comble de frayeur ;
Je crains pour lui, pour moi, pour cet amour fidelle[11]...
Je devrais l'éviter !... quelle peine cruelle !
Te fuir, cher Orcanor ! quand le plus tendre amour
Devrait te couronner avant la fin du jour !
Elmire, soutiens-moi... quels conseils dois-je suivre ?
Pour toi, barbare affreux, non je ne saurais vivre.

ELMIRE.

Dissimulez, Madame, et devant le Sultan,
Ayez ce doux regard qui flatte un tendre amant ;
Il est doux de tromper le tyran qu'on abhorre,
Quand c'est pour conserver l'amant que l'on adore[12].

ALMÉNORADE.

Hé bien, cet art en moi va briller aujourd'hui,
Pour toi, cher Orcanor... mais, que vois-je ! c'est lui !

SCÈNE IV

ALMÉNORADE, ORCANOR, ELMIRE, ORMIN.

ORCANOR.

Oui, Madame, c'est moi, que la gloire ramène

---

[11] Licence poétique pour respecter la rime pour l'œil.

[12] La rime « abhorre/adore » résumé la duplicité parodique de la confidente.

Dans les fers de l'amour dont je chéris la chaîne ;
Lui seul fait des héros ; en soupirant pour vous,
Qui coupe tête et bras, goûte un plaisir bien doux !
De l'avare Achéron, en contentant l'envie,
J'espérais avec vous, rendre autant à la vie,
Que mon bras à la mort a livré d'ennemis…
Que vois-je ! cet espoir ne m'est-il plus permis ?

ALMÉNORADE.

Que dites-vous, ô Ciel !

ORCANOR.

Vous soupirez, Madame !
Vous répandez des pleurs, trahissez-vous ma flâme[13] ?

ALMÉNORADE.

Le croyez-vous, Seigneur ? Un vainqueur tel que vous,
D'aucun autre mortel peut-il être jaloux ?
Faites-vous cette injure à la plus tendre amante,
À ce cœur plein de vous, à mon ardeur constante ?

ORCANOR.

Si vous m'aimez toujours, qui peut vous alarmer ?
Les flambeaux de l'hymen, pour nous vont s'allumer,
Je ne vous comprends point : ah ! ma chère Princesse,
Qui peut troubler ainsi ce moment d'allégresse ?

ALMÉNORADE.

Le sort cruel, hélas ! qui va nous séparer.
Ô Dieux ! je sens mon cœur prêt à se déchirer !
Un amour trop fatal va faire notre perte ;
Quelle main à l'instant, cher Prince, m'est offerte !
Un maître impétueux, veut dans ce même jour,
Qu'en partageant ses feux j'approuve son amour.

[13] Licence poétique pour respecter la rime pour l'œil.

ORCANOR.

Et vous y consentez ?

ALMÉNORADE.

Ah ! que sur moi la foudre
Plutôt tombe en éclats et me réduise en poudre,
Que de cesser jamais d'adorer et d'aimer,
Un Prince malheureux qui m'a trop su charmer !

ORCANOR.

Hé bien, venez, fuyons, il en est temps encore ;
Avant que je revoie un monstre que j'abhorre,
Même avant que l'ingrat apprenne mon retour,
Nous serons éloignés de ce fatal séjour.

ALMÉNORADE.

J'entends du bruit ; c'est lui, calmez votre colère,
Comptez sur mon amour, Prince, et laissez-moi faire.

SCÈNE V

LE SULTAN, ALMÉNORADE, ORCANOR, ELMIRE, HASSAN, ORMIN, GARDES.

LE SULTAN.

Quand je vous ai mandé, lorsque je vous attends,
Occupé d'autres soins, ici je vous surprends,
Orcanor ; quel dessein en secret vous fait rendre
Auprès d'Alménorade ? ici je viens l'apprendre ;
Parlez, et sans détours.

ALMÉNORADE.

Il vous cherchait, Seigneur.

LE SULTAN.

Non, je vois malgré lui, le trouble de son cœur,

Tous ses soins sont pour vous, ignorant ma tendresse…

ALMÉNORADE.

Ah, quelle est votre erreur ! connaissez ma faiblesse,
Il me trompait l'ingrat, et lorsque je l'aimais,
Que m'unissant à vous, de lui je m'occupais,
J'apprends que ce vainqueur aime une Maroquine,
Et qu'il veut épouser cette infâme coquine.
Par cet hymen affreux, puisqu'il sait m'outrager,
Sans hésiter je dois et je veux me venger.
Dans ces derniers regrets d'une douleur amère,
Pardonnez-moi, Seigneur, cette juste colère ;
En m'occupant de vous, je vais voir effacer
Le trait que son amour avait su me lancer…

LE SULTAN.

Orcanor, est-il vrai ? parlez ici sans feinte.

ORCANOR.

Seigneur, le tendre objet dont mon âme est atteinte,
Dont je suivrai toujours la trop charmante loi,
N'attendra pas longtemps pour recevoir ma foi ;
Je vous l'ose assurer, même devant Madame,
Rien n'éteindra jamais cette divine flâme[14].

LE SULTAN.

Vous vous jouez ainsi de ma crédulité !
Non, non, ne comptez plus, ingrats, sur ma bonté ;
J'avais tout entendu, je sais ce qui se passe ;
Dans ma juste fureur, n'attendez point de grâce.
Il tire son poignard, pour frapper Orcanor.
Vous périrez[15].

---

14 Même licence poétique que dans la scène 4.

15 Ici commence le dialogue en prose entre le Sultan et le confident qui s'arrête aux quatre derniers vers de la pièce.

LE SOUFFLEUR.

Hé non, Monsieur.

LE SULTAN.

Vous périrez.

Il se tourne du côté d'Alménorade.

LE SOUFFLEUR.

Arrêtez donc, ce n'est pas cela.

LE SULTAN.

Mais, Monsieur, il faut bien que je tue quelqu'un.

LE SOUFFLEUR.

Je vous dis que non.

LE SULTAN.

Mais c'est dans la pièce.

LE SOUFFLEUR.

Et c'est une faute d'impression…

LE SULTAN.

Comment, voyons ?

LE SOUFFLEUR, *sur le théâtre*[16].

Tenez, lisez vous-même.

LE SULTAN.

Mais à la fin ?

LE SOUFFLEUR, *cherche.*

Ah ! cela est vrai.

LE SULTAN.

Hé bien, pour mieux t'apprendre à lire l'errata,

---

[16] Sur la scène.

Imbécile souffleur, c'est toi qui périra.

Il le frappe.

LE SOUFFLEUR, *dans les bras des Gardes.*

Que je suis malheureux ! je meurs, que l'on m'emporte ;
Mais qu'on rende à chacun, son argent à la porte.

Fin du dixième Proverbe.

Explication du Proverbe :

10. *Souffler n'est pas jouer.*

SORTIE DE LA COMÉDIE-FRANÇAISE

Onzième proverbe[1]

Édition de Marie-Emmanuelle Plagnol-Diéval

[1] Dans l'édition Merlin de 1768, tome premier, première partie. Figure également dans le tome 13 du *Recueil général des proverbes dramatiques en vers et en prose, tant imprimés que manuscrits*, Londres, Paris, chez les libraires qui vendent les nouveautés, 1785.

NOTICE

Ce proverbe, qui suit *Alménorade*, fait partie de ces pièces dans lesquelles Carmontelle restitue la conversation de ses contemporains, comme il le développera ultérieurement dans les *Conversations des gens du monde dans tous les temps de l'année*[2], un texte rare, inachevé, peu étudié[3], prévu pour une publication périodique interrompue et repris de manière partielle dans l'édition posthume de Mme de Genlis. Comme dans les *Conversations* et contrairement à la plupart des proverbes, la *Sortie de la Comédie-Française* met en scène un assez grand nombre de personnages, tous aristocratiques, sauf les domestiques réduits à de simples utilités. Le proverbe oscille entre la transcription explicite de conversations avec un but satirique, attesté par le mot qui énonce un constat désabusé (« La moitié du monde se moque de l'autre ») et une transcription de situations d'énonciation et de parlures, essentiellement aristocratiques. En une scène unique, qui fait intervenir deux femmes, quatre hommes et trois domestiques, dans un lieu de la sociabilité aristocratique, paradoxalement dénué de toute référence culturelle (les personnages n'évoquent pas à un seul moment le spectacle auquel ils ont assisté),

---

[2] Paris, Impr. polytype et chez les marchands de nouveautés, 1786.

[3] Voir Jean-Hervé Donnard, *Le Théâtre de Carmontelle*, Paris, A. Colin, 1967 (p. 146-147). Une conversation est citée à titre de référence par Marion Trévisi, *Au cœur de la parenté : oncles et tantes dans la France des lumières*, Paris, PUPS, DL, 2008, note 27, p. 117 à propos des mariages précoces. Laurence Chatel de Brancion, parle de « la dernière série de comédies qu'il fait paraître alors [...], suite de scènes de visite du Nouvel An chez divers personnages », *Carmontelle au jardin des illusions*, Paris, Monelle Hatyot, 2003, p. 181. Voir Marie-Emmanuelle Plagnol-Diéval, « Carmontelle : du salon à l'écriture ou entre conversation et théâtre », *De la conversation au conservatoire. Scénographies des genres mineurs (1680-1780)*, sous la direction d'Aurélie Zygel-Basso et Kim Gladu, Paris, Hermann, 2014, p. 301-320.

Carmontelle épingle ses contemporains. Au cours de la scène dont l'unité de temps est l'attente d'une voiture ramenant les deux femmes, défilent ainsi un duc courtisan, fat, au langage hyperbolique et vide, qui s'esquive dès qu'il peut ; un chevalier intéressé, séducteur et médisant ; un marquis flatteur et cancanier ; un marquis futile et mauvais plaisant et un vicomte tout aussi insignifiant. La conversation, parfois interrompue ou allusive, roule sur des femmes, des intrigues amoureuses réelles ou supposées (comme la « tracasserie » inventée par le marquis), des compliments creux (sur la santé, la beauté et les colifichets) et la recherche de divertissements (chevaux et invitations diverses à des visites et des soupers). De menus incidents comme l'infidélité supposée du Comte avec Mme de Préval et du Chevalier avec des filles dans une guinguette à la mode justifient le dénouement qui voit les femmes partir d'un côté et les hommes d'un autre.

S'il vise ici les aristocrates, Carmontelle n'épargne pas les bourgeois dans le proverbe symétrique intitulé *Les Secondes loges de l'Opéra le dimanche* (1768) qui brocarde la vulgarité, les tics de langage et l'inculture de cet autre public. Témoin son mot qui est : « Il ne sort du sac que ce qu'il y a dedans ». Plus encore qu'une critique récurrente de la société et du bavardage en tout lieu et en toute occasion, on peut voir dans ce texte l'ébauche d'une réflexion sur la toute-puissance du langage et son rapport avec le réel, à la fois présent et mis à distance. La pièce figure dans le recueil illustré de 103 dessins aquarellés par Carmontelle, conservé au Musée Condé de Chantilly[4].

M-E P-D.

[4] Numéro d'inventaire DE 1171-11. Autre numéro : Ms 394.

PERSONNAGES

MAD. DE VERMONT.
MAD. DE MIRVILLE.
LE COMTE DE VERSIN.
LE CHEVALIER.
LE DUC.
LE MARQUIS.
LE VICOMTE.
LE COUREUR[5] *du Duc.*
TANCRÈDE, *Nègre, Housard*[6] *du Marquis.*
LUXEMBOURG, *appelant les gens*[7].

La Scène est sur l'escalier de la Comédie-Française.

---

[5] *Coureur* : « Un domestique qui court à pied, et dont on se sert pour faire des messages avec grande diligence », (*Acad.* 1762).

[6] *Housard* (avec différentes graphies) : « Cavalier hongrois. On donne aujourd'hui ce nom aux soldats d'une sorte de milice à cheval, qui a une manière particulière de combattre, et dont on se sert ordinairement pour envoyer en parti et à la découverte », (Acad. 1762). Le prénom de Tancrède peut avoir été inspiré à Carmontelle par la pièce à succès de Voltaire créée en 1760 à la Comédie-Française.

[7] L'édition Merlin 1768 ne donne pas de précisions pour les costumes, à la différence de certaines éditions postérieures qui précisent « *Tous bien mis* » pour les nobles, « *richement habillé* » *pour le coureur* et « *avec la livrée de Luxembourg* » pour Luxembourg.

SCÈNE PREMIÈRE.

MAD. DE VERMONT, *criant*[8].

Madame de Mirville, attendez-moi donc, je suis toute seule.

MAD. DE MIRVILLE.

Hé bien, je vous attends : est-ce que vous n'avez pas le Chevalier ?

MAD. DE VERMONT.

Hé, mon Dieu, non, je l'ai perdu ; je ne sais ce qu'il est devenu en sortant de la loge.

MAD. DE MIRVILLE.

Restons ici, si vous m'en croyez. Le Comte est allé voir si nos gens[9] sont là.

MAD. DE VERMONT.

Madame, n'est-ce pas là le Duc, qui descend là ?

MAD. DE MIRVILLE.

C'est lui-même ; il ne veut pas nous voir : Monsieur le Duc, Monsieur le Duc ? c'est fort joli de passer comme cela devant les gens, sans les regarder.

LE DUC.

Ah ! Madame, je me prosterne, je suis furieux de ne vous avoir pas aperçue ; c'est que je regardais si je verrais mon coureur. Est-on allé appeler vos gens ?

---

[8] Le proverbe est présenté ainsi en une seule scène sans liste complète des interlocuteurs.

[9] Pour « domestiques » ici.

MAD. DE MIRVILLE.

Oui, oui ; restez avec nous, jusqu'à ce qu'on nous avertisse.

LE DUC.

Comment, si j'y resterai ! assurément ; je suis comblé, enchanté de cette rencontre ! c'est une bonne fortune pour moi ; il y a mille ans que je n'ai eu l'honneur de vous aller chercher : j'y suis pourtant allé un de ces jours ; je ne sais si on vous l'aura dit ; je serai encore assez malheureux pour qu'on m'ait oublié…

MAD. DE VERMONT.

Vous ne me dites rien, à moi, Monsieur le Duc ?

LE DUC.

Comment, je crois que c'est aussi Madame de Vermont !

MAD. DE VERMONT.

Oui, vraiment.

LE DUC.

En vérité, je suis odieux ! je ne vois rien, je vous demande bien pardon.

MAD. DE VERMONT.

Vous me délaissez aussi un peu, Monsieur le Duc.

LE DUC.

Non, je vous assure, ce n'est pas cela ; mais c'est que je suis toujours à Versailles, à Choisy, à Saint-Hubert[10]… tout mon temps se passe sur les chemins. Je regrette bien celui où… mais je ne veux pas perdre cet instant ; je ne vous quitterai point, je vous en réponds, que vous ne partiez d'ici.

---

[10] Les trois toponymes désignent des résidences royales. Le château de Saint-Hubert fut construit par Jacques Ange Gabriel, pour Louis XV, au Perray-en-Yvelines, dans l'actuel département des Yvelines.

MAD. DE MIRVILLE.

C'est bien honnête, cela.

LE DUC.

Je suis trop heureux de trouver cette occasion de vous faire ma cour, pour n'en pas profiter le plus longtemps qu'il me sera possible. Il faut bien que nous causions un peu.

LE COUREUR, *criant.*

Monsieur le Duc, voilà votre carrosse.

LE DUC.

C'est bon, c'est bon. Mesdames, je vois bien que je ne puis vous être bon à rien, j'en suis outré, furieux ! je m'enfuis. Demain j'aurai sûrement l'honneur d'aller à votre porte me présenter…

MAD. DE MIRVILLE.

Justement je soupe chez moi, Madame de Vermont y sera, cela serait bien honnête à vous, si vous y veniez.

LE DUC, *en s'en allant.*

Je ferai l'impossible pour vous en aller demander.

MAD. DE MIRVILLE.

Hé bien, Madame, comment trouvez-vous cela ? n'avez-vous pas cru qu'il allait rester avec nous ?

MAD. DE VERMONT.

Bon ! voilà comme sont à présent tous les hommes.

MAD. DE MIRVILLE.

Ah ! voilà le Chevalier. *Le Chevalier s'approche.*

MAD. DE VERMONT.

Monsieur le Chevalier, c'est fort honnête, vous me donnez la main pour sortir de la loge, et puis vous me laissez dans la foule. Je ne savais ce que vous étiez devenu.

LE CHEVALIER.

J'ai cru, Madame, que vous alliez rester là.

MAD. DE VERMONT.

Au milieu du corridor, n'est-ce pas ?

LE CHEVALIER.

Non, mais… c'est que vous avez bien vu l'homme à qui j'ai parlé et qui m'a entraîné ?…

MAD. DE VERMONT.

Moi ! je n'ai rien vu.

LE CHEVALIER.

C'est celui qui se mêle de mon affaire pour le régiment en question ; j'étais trop heureux de le rencontrer[11].

MAD. DE VERMONT.

Hé bien ?

LE CHEVALIER.

Je voulais savoir si ce qu'on m'avait dit, était vrai.

MAD. DE VERMONT.

Hum…

LE CHEVALIER.

Mais d'honneur, vous sentez bien que sans cela…

MAD. DE VERMONT.

Vous êtes bien heureux que je sois la première à vous justifier.

---

[11] Les intrigues pour obtenir des charges militaires sont un ressort classique de la comédie, souvent liées aux personnages de chevalier, derniers-nés masculins désargentés des familles nobles.

MAD. DE MIRVILLE.

Chevalier, qu'est-ce qui descend là ? cela me paraît bien joli[12] !

LE CHEVALIER.

Peste, je le crois bien ; c'est, ma foi, ce que nous avons de mieux.

MAD. DE MIRVILLE.

Et vous la nommez ?

LE CHEVALIER.

Ernestine ; c'est une Allemande.

MAD. DE VERMONT.

Quoi ! c'est-là cette beauté que vous nous vantiez tant ? mais regardez donc, Madame ; cela n'est point joli du tout.

MAD. DE MIRVILLE.

Mais non, vous avez raison ; de loin, elle m'avait paru avoir de l'éclat ; mais ses yeux ne disent rien. Sa bouche est pincée, ah ! elle est hideuse !

MAD. DE VERMONT.

C'est ce que je vous dis. En vérité, on ne connaît plus rien au goût des hommes.

MAD. DE MIRVILLE.

Ah ! je vous en prie, Madame, voyez un peu le Président, qui gagne la petite porte : comme il a l'air occupé.

---

12 *Cela* : « Quelquefois dans le style familier, *Cela* se dit aussi des personnes. Ainsi on dira d'un enfant, *Cela est heureux, cela ne fait que jouer* », (*Acad.* 1762). L'emploi répété du démonstratif neutre s'accorde avec le mépris exprimé par les deux femmes.

LE CHEVALIER.

Je sais bien pourquoi ; c'est qu'il y avait aux secondes loges[13], quelqu'un à qui il s'intéresse.

MAD. DE VERMONT.

Je l'aurais juré ; les hommes ont toujours l'air sot, quand ils suivent leurs filles.

LE CHEVALIER.

Vous ne pouvez pas dire cela du Baron, par exemple.

MAD. DE MIRVILLE.

Oh, pour celui-là, non ; il donnerait la main droite à une femme de qualité, et l'autre à une danseuse en même temps ; cela ne lui fait rien du tout ; il vous quitte, il vous revient dans l'instant, comme il lui plaît ; cela lui est égal.

LE CHEVALIER.

On le connaît sur ce ton-là, on ne lui en veut point de mal.

MAD. DE MIRVILLE.

Le Comte ne revient pas. Madame, ne serait-ce pas lui que je vois parler là-bas à deux femmes ?

MAD. DE VERMONT.

Je ne vois pas bien.

LE MARQUIS, *arrivant.*

Quoi, Madame, vous étiez ici ! je ne vous ai aperçue nulle part.

---

[13] *Loge* : « *On distingue dans les spectacles les loges des différents étages, par le nom des premières, secondes et troisièmes* » (*Acad.* 1762). La disposition des spectateurs au théâtre renvoie au prix des places et aux catégories sociales (d'où le terme de « fille » utilisée pour qualifier la conquête du baron). Sur les différents publics des théâtres, voir aussi de Carmontelle *Les Secondes loges de l'Opéra, le dimanche*, *Amusements de société*, Paris, Merlin 1768-1769.

MAD. DE MIRVILLE.

J'étais dans la loge de Madame de Vermont.

LE MARQUIS.

Savez-vous que vous êtes éblouissante !

MAD. DE MIRVILLE.

Oui, on me trouve assez bien mise.

LE MARQUIS.

Mais c'est de votre santé que je parle.

MAD. DE MIRVILLE.

Il est vrai que depuis quelques jours, je me porte le mieux du monde.

LE MARQUIS.

Mais je dis,… on n'a jamais été comme cela. Y a-t-il longtemps que vous attendez ? vous êtes bien mal là.

MAD. DE MIRVILLE.

Pour cela, oui. Dites-moi un peu, connaissez-vous ces deux femmes qui sont là-bas, tout près de la porte ?

LE MARQUIS.

Oui, c'est la Présidente de Guerville, et l'autre Madame de… de… j'oublie toujours son nom, une intendante[14].

MAD. DE MIRVILLE.

Quoi, Madame de Préval ?

LE MARQUIS.

Justement ; elle est fort jolie.

---

[14] Les titres renvoient bien évidemment aux charges occupées par les époux.

MAD. DE MIRVILLE.

Comme cela. Et connaissez-vous l'homme qui leur parle ? je ne puis pas le voir.

LE MARQUIS.

Oui ; c'est le Comte de Versin : il est très amoureux de Madame de Préval.

MAD. DE MIRVILLE.

Le Comte ?

LE MARQUIS.

Ma foi, on me l'a assuré, et des gens bien instruits.

MAD. DE MIRVILLE.

Et depuis quand ?

LE MARQUIS.

Je ne vous dirai pas trop ; mais il me semble qu'on m'a dit qu'il y avait plus de huit jours que c'était une affaire arrangée.

LE VICOMTE, *arrivant,*
frappant sur l'épaule du Marquis.

Bonjour, Marquis, attends-tu ton carrosse ?

LE MARQUIS.

Oui. Écoute donc, Vicomte. *Il le prend sous le bras, et lui parle à l'oreille.* Je viens de faire une bonne tracasserie[15]. Tu sais que Madame de Mirville a Versin ?

LE VICOMTE.

Oui.

[15] *Tracasserie* : « Méchant procédé, chicane, mauvais incident. […] Il n'est que de la conversation. Il signifie aussi, Discours, rapport qui va à brouiller des gens les uns avec les autres », (*Acad.* 1762).

LE MARQUIS.

Qu'elle est très jalouse ? elle vient de me demander ce qu'il faisait là-bas avec ces deux femmes. Je lui ai dit que c'est qu'il est amoureux fou de Madame de Préval, que c'était une affaire arrangée, et elle le croit.

LE VICOMTE.

Ah, c'est très-bon ! tu es un homme charmant ! veux-tu que je te remmène ?

LE MARQUIS.

Non, je veux voir un peu ce que deviendra ceci. Ta broderie est jolie.

LE VICOMTE.

Oui, pas mal. As-tu joué à la paume aujourd'hui ?

LE MARQUIS.

Non, j'ai essayé mes nouveaux Anglais[16].

LE VICOMTE.

Qu'est-ce que tu as fait au quinze[17], hier ?

LE MARQUIS.

J'ai perdu, ils ne savent pas jouer. Et toi, comment t'en es-tu tiré ?

LE VICOMTE.

Comme cela. Tu ne sais pas ce qu'ils ont fait ? Ah ! voilà le Chevalier. Chevalier, soupes-tu ce soir à la Nouvelle-France[18] ?

---

[16] Désigne des chevaux anglais.

[17] *Quinze* : « nom d'un jeu qui se joue avec des cartes, et où celui des joueurs qui le premier a quinze par les points de ses cartes, ou qui en approche le plus près en dessous, gagne », (*Acad.* 1762).

[18] Comme l'indique *Le Voyageur à Paris* de Luc-Vincent Thiéry, Hardouin et Gattey, 1788, il s'agit d'une « guinguette située à l'extrémité de la rue Poissonnière », p. 123.

LE CHEVALIER.

Non, certainement ; il y a mille ans que je n'y ai été, et je n'irai même plus.

LE VICOMTE.

Ah ! ce n'est pas à moi qu'il faut dire cela.

MAD. DE VERMONT, *au Chevalier.*

Qu'est-ce que cela veut dire, Monsieur ? quoi vous soupez encore avec des filles ? allez, je ne veux plus vous voir.

LE CHEVALIER.

Quelle folie ! comment, vous allez croire… hé, mais fi donc !

LE VICOMTE, *au Marquis.*

Tu as entendu ? je me suis diverti, et voilà le Chevalier qui est querellé à présent.

LE MARQUIS.

J'attends le Comte.

MAD. DE MIRVILLE.

En vérité, il est odieux d'attendre si longtemps son carrosse ! Chevalier, voyez donc un peu. J'ai une migraine insupportable.

MAD. DE VERMONT.

Cette sortie-ci est mortelle ! le froid vous aura saisie.

LE COMTE, *offrant la main à Madame de Mirville.*

Allons, Mesdames, voulez-vous bien venir ? Madame, qu'avez-vous donc ?

MAD. DE MIRVILLE.

Quoi, devant moi, vous avez la hardiesse !… assez, vous méritez… je n'en puis plus !

LUXEMBOURG, *criant.*

Madame de Mirville, Madame de Mirville.

LE COMTE.

Mais, Madame, que voulez-vous donc dire ?

LUXEMBOURG, *criant.*

Le carrosse de Madame de Mirville.

LE COMTE.

Allons, le voilà.

LUXEMBOURG, *criant.*

Madame de Mirville, Madame de Mirville, votre carrosse.

LE CHEVALIER.

Veux-tu bien te taire. *Ils s'en vont.*

LE MARQUIS.

Hé bien, cela n'a pas mal réussi, comme tu vois.

LE VICOMTE.

À merveille ! où soupes-tu ce soir ?

LE MARQUIS.

Ma foi, je n'en sais rien, je l'ai oublié.

LE VICOMTE.

N'est-il pas bien tard ?

LE MARQUIS.

Non.

LE VICOMTE.

J'ai envie d'aller chez la Maréchale, viens-y.

LE MARQUIS.

Je le veux bien. Mon carrosse est-il là, Tancrède ?

TANCRÈDE.

Oui, Monsieur le Marquis, et celui de Monsieur le Vicomte aussi. Ils se suivent.

LE VICOMTE.

Hé bien, montons dans le tien, le mien viendra comme il voudra.

LE MARQUIS.

Je le veux bien ; allons, passe. Chez la Maréchale. *Ils montent en carrosse.*

Fin du onzième Proverbe.

Explication du Proverbe :

11. *La moitié du monde se moque de l'autre.*

LE SEIGNEUR AUTEUR

Douzième proverbe[1]

Édition de Marie-Emmanuelle Plagnol-Diéval

[1] Dans l'édition Merlin de 1768, tome premier, seconde partie. Figure également dans le tome 9 du *Recueil général des proverbes dramatiques en vers et en prose, tant imprimés que manuscrits*, Londres, Paris, chez les libraires qui vendent les nouveautés, 1785.

NOTICE

Dans la veine de ces proverbes liés aux pratiques des amateurs et aux prétentions littéraires des uns et des autres, illustrées dans *L'Avocat chansonnier* ou *L'Auteur et l'amateur*, *Le Seigneur auteur*, à travers son titre fondé sur une alliance de termes, présente l'histoire d'une impossibilité et d'une illusion : celle d'un aristocrate incapable, mais convaincu d'avoir écrit quelques vers galants. Cette pochade est découpée en trois scènes. Deux scènes d'encadrement peignent les relations entre un duc infatué de soi-même et son valet, seul personnage lucide et raisonnable de la pièce : la première montre le noble en situation d'échec, la dernière satisfait d'un poème qu'il n'a pas écrit. La scène centrale détaille de façon comique les étapes de cette composition qui lui est soufflée vers à vers par deux auteurs aussi flatteurs qu'intéressés en raison de leur situation de clientélisme.

Ce proverbe est construit comme une petite comédie dans laquelle on peut relever quelques réminiscences moliéresques. Le début de dispute entre les deux auteurs évoque celle des maîtres du *Bourgeois gentilhomme*, déplacée ici sur les deux genres en débat au XVIIIe siècle : la tragédie entre noblesse et manque d'intérêt, l'ariette entre réalisme revendiqué et platitude triviale. Quant aux prétentions littéraires du noble, elles peuvent évoquer le sonnet d'Oronte. Cependant, l'originalité de Carmontelle vient du sujet qu'il traite, celui des prétentions littéraires des aristocrates ici en matière de poésie chantée, fréquentes dans le cadre du théâtre de société où des « secrétaires » et « lecteurs » écrivent en partie ou en totalité des pièces dont la paternité revient au commanditaire, maître ou maîtresse de maison. On cite le cas du comte de Clermont, « auteur » de *Barbarin*, une pièce rédigée avec son secrétaire Jean Dromgold selon Collé et remaniée par ce dernier[2] ou de Mme de Montesson sans doute aidée par son secrétaire Lefèvre pour son théâtre qu'elle fait jouer sous son nom et publie anonymement[3].

La pochade et la satire souriante s'étendent aux deux auteurs également ridiculisés dans leurs flatteries sans bornes et leur médiocrité littéraire qu'il s'agisse du texte rebattu qu'ils composent pour leur protecteur ou de leurs compositions personnelles. Le proverbe, comme souvent chez Carmontelle, tire son sel de la structure du dialogue, ici du partage des répliques puisque chaque vers du bouquet galant composé et proposé par un des deux auteurs est repris à son compte par le noble comme s'il venait de le trouver. Tout est fait pour créer un comique de répétition avec ces répliques décrochées du réel comme « Je ne trouve pas mal ces deux vers-là, qu'en dites-vous ? ne me flattez pas ; parlez-moi naturellement ? » ou « Ce n'est sûrement pas nous qui le faisons dire à Monsieur le Duc ». Le proverbe est de plus un morceau de choix pour des acteurs amateurs flattés de montrer leurs talents musicaux.

Le Seigneur auteur a été créé à la Comédie-Française en matinée, le samedi 22 janvier 1938 dans une mise en scène de Jean Debucourt et a connu 54 représentations de 1938 à 1950. Il est entré au répertoire. La pièce figure dans le recueil illustré de 103 dessins aquarellés par Carmontelle, conservé au Musée Condé de Chantilly[4]. Le dessin montre le duc assis encadré par les deux auteurs.

M-E P-D.

---

[2] *Journal...*, I, p. 235-236.

[3] *Œuvres anonymes*, Paris, Didot l'aîné, 1782-1785.

[4] Numéro d'inventaire DE 1171-12. Autre numéro : Ms 394.

PERSONNAGES

LE DUC.

M. RONFLANT, *Poète tragique.*

M. DÉCOUSU, *Poète d'opéra-comique*[5].

DUPRÉ, *Valet-de-Chambre du Duc*[6].

---

[5] Exemple caractéristique de l'emploi de patronymes significatifs et à fort effet comique dans le proverbe.

[6] Les éditions du XVIIIe siècle ne donnent pas de précisions pour les costumes, à la différence de certaines éditions postérieures qui précisent « *en robe-de-chambre riche, coiffé* » pour le Duc, « *en habit noir » pour M. Ronflant, « en habit rouge* » pour M. Décousu et « en *habit à petit galon, avec une vieille veste de son maître* » pour Dupré.

La Scène est dans le cabinet du Duc.

SCÈNE PREMIÈRE

LE DUC, DUPRÉ.

LE DUC

Quoi, je ne pourrai pas faire un vers ; un vers seulement ! ah, voyons. *Il écrit.* Non, il est trop long. Oui, mais de cette façon ? *Il écrit.* Il est trop court. *Il déchire son papier.*

DUPRÉ.

Mais, Monseigneur, pourquoi faire ces vers vous-même, puisque cela vous donne tant de peine ?

LE DUC.

Tant de peine ?… qu'est-ce que c'est que cette façon de parler ? ai-je jamais eu de la peine à faire des vers ?

DUPRÉ.

Je sais bien que non, tant que vous avez eu ce secrétaire[7] un peu fou, que vous aimiez tant…

LE DUC.

Allons, taisez-vous ; vous me faites perdre mes idées…

DUPRÉ.

J'en suis bien éloigné et si j'en trouvais, je les donnerais tout-à-l'heure[8] à Monseigneur.

LE DUC.

Des idées, vous ? attendez, ne faites pas de bruit. Ah, oui-dà, c'est lyrique tout-à-fait ; écrivons… *Il écrit.* Fort bien.

---

[7] Le phénomène de secrétaires collaborant de près ou de loin aux œuvres d'auteurs amateurs est courant, notamment dans le cadre du théâtre de société.

[8] Tout de suite.

Mais où est la rime ? cela me fait perdre trop de temps. C'est incroyable qu'aujourd'hui je ne puisse pas…

DUPRÉ.

En vérité, Monseigneur, si vous vouliez m'entendre, vous auriez bientôt fait.

LE DUC.

Hé bien, Monsieur le Docteur, parlez.

DUPRÉ.

Je prendrais mon parti, moi, je ferais faire ces vers tout simplement, par les gens du métier.

LE DUC.

Oui, si je n'en savais pas faire, imbécile.

DUPRÉ.

Ah, je demande pardon à Monseigneur, je croyais…

LE DUC.

Allons, laissez-moi… voyons encore.

DUPRÉ.

Monsieur Ronflant et Monsieur Décousu demandent à voir Monseigneur.

LE DUC.

Que me veulent-ils ? je suis en affaire.

DUPRÉ.

Je leur ai dit ; cependant, je crois que vous feriez bien…

LE DUC.

Allons, faites-les entrer.

SCÈNE II

LE DUC, M. RONFLANT, M. DÉCOUSU.

LE DUC.

Ah ! Messieurs, je suis charmé de vous voir ; mais ce ne sera pas pour longtemps ; parce que je suis un peu occupé…

M. RONFLANT.

Monsieur le Duc cultive toujours les Muses, sans doute ?

M. DÉCOUSU.

Et il a raison ; elles le favorisent assez pour qu'il ne les délaisse pas.

LE DUC.

Il est vrai que quelquefois elles ne m'ont pas maltraité.

M. RONFLANT, M. DÉCOUSU.

Oh, toujours, toujours.

LE DUC.

Parfois elles ont des caprices, comme vous savez.

M. DÉCOUSU.

Vous n'en souffrez guère, je crois ?

LE DUC.

Comme un autre.

M. RONFLANT.

Monsieur le Duc, j'ai l'honneur de vous apporter le cinquième acte de ma nouvelle Tragédie, si vous aviez un quart-d'heure seulement à me donner…

M. DÉCOUSU.

Moi, je veux faire voir à Monsieur le Duc, mon ariette[9] de la chaise de poste, qui va se briser, et qui sonne la ferraille, cela sera encore plus court.

M. RONFLANT.

Monsieur Décousu, un moment, s'il vous plaît ; vous ne devez passer qu'après moi.

M. DÉCOUSU.

Monsieur Ronflant, vous prenez-là, un ton…

LE DUC.

Messieurs, vous vous disputerez une autre fois.

M. RONFLANT.

Mais, Monsieur le Duc, jugez un peu si un poète d'opéra-comique, doit avoir le pas sur un poète tragique ; si quelqu'un doit protéger le ton des héros, je crois que c'est vous.

M. DÉCOUSU.

Oui, le vrai ton des héros ; mais celui qu'ils n'ont jamais eu, et qu'ils n'auront jamais, cela est différent.

M. RONFLANT.

Qu'ils n'auront jamais ?

M. DÉCOUSU.

Assurément ; au lieu que moi, je peins la nature, la vérité.

M. RONFLANT.

La nature et la vérité ; il y a bien du mérite à toujours copier, où est donc le génie ?

---

9 L'ariette est le morceau musical caractéristique du genre de l'opéra-comique.

M. DÉCOUSU.

Molière manquait de mérite, osez-vous dire cela ?

M. RONFLANT.

Molière !… Molière n'a point fait de tragédies.

LE DUC.

Eh, Messieurs, ne disputez pas, je n'ai pas le temps.

M. RONFLANT.

Monsieur le Duc, suivant votre conseil, j'ai cherché pour mon dénouement, et j'ai imaginé un tyran de plus.

M. DÉCOUSU.

Moi, j'ai cru que ma chaise de poste était une nouveauté dont vous seriez content.

LE DUC.

Je vous ai déjà dit que j'étais occupé très sérieusement.

M. RONFLANT.

Si Monsieur le Duc voulait nous faire part de ses productions…

M. DÉCOUSU.

Nous serions bien sûrs d'avoir de quoi admirer.

LE DUC.

Non, vous dis-je, j'ai passé toute ma matinée à rêver, à barbouiller du papier, sans pouvoir rien faire.

M. RONFLANT.

C'est qu'apparemment c'est un nouveau genre que Monsieur le Duc a choisi ?

LE DUC.

Non ; au contraire, c'est un couplet ; ainsi vous voyez bien…

M. DÉCOUSU.

Personne n'en fait assurément aussi facilement, que Monsieur le Duc.

LE DUC.

Ordinairement cela ne me coûte rien ; mais aujourd'hui je ne sais ce que j'ai.

M. RONFLANT.

Est-ce un sujet rare ?

LE DUC.

Non, c'est un bouquet[10].

M. DÉCOUSU.

Un bouquet ?

LE DUC.

Oui, un bouquet pour une femme que j'aime, et vous sentez bien qu'il faut que cela soit neuf, qu'il faut de la pensée. Asseyez, asseyez-vous-là.

M. RONFLANT.

Mais la pensée, Monsieur le Duc l'a trouvée.

LE DUC.

Moi ?

M. DÉCOUSU.

Oui, un bouquet.

LE DUC.

C'est vrai ; c'est moi qui veux que ce soit un bouquet. Comme vous dites, voilà la pensée trouvée. Mais il faut la mettre en chant, et voilà le difficile.

---

[10] Poème galant.

M. DÉCOUSU.

Avez-vous choisi un air ?

LE DUC.

Bon, j'en ai cent.

M. DÉCOUSU.

Il faut s'arrêter à un seul.

LE DUC.

C'est vrai, aussi j'avais envie de prendre…

M. RONFLANT.

Monsieur Décousu vous en dira, Monsieur le Duc.

M. DÉCOUSU.

Oui, prenez… *Il chante.*

C'est la fille à Simonette* [11].

LE DUC.

C'était justement celui-là que j'avais en vue.

M. RONFLANT.

Hé bien, votre couplet est fait.

LE DUC.

Pas tout-à-fait encore.

* L'édition originale indique : « C'est un air d'*Annette et Lubin* ».

[11] L'air que le M. Décousu dit être « C'est la fille à Simonette » vient en effet de la comédie en un acte et en vers, mêlée d'ariettes et de vaudevilles de Justine Favart, *Annette et Lubin*, 1762, immense succès d'époque avec une série de pièces et de parodies dont *Ulzette et Zaskin* de Carmontelle et une large iconographie. Annette, scène 3, chante sur l'air « Ce n'est point une folie » ces paroles : « C'est la fille à Simonette / Qui porte un panier d'œufs frais. […] Elle voit une fauvette, / Elle veut courir après. / Le pied glisse à la pauvrette, / Tout d'son long la v'là sur l'pré. / Qu'aller dire à Simonette ? / Elle avait cassé ses œufs ».

M. RONFLANT.

Pardonnez-moi, tenez, écrivez.

LE DUC, *prenant sa plume.*

C'est vrai, les choses viennent quelquefois comme cela sans peine.

M. DÉCOUSU.

Sans peine, vous n'en avez sûrement pas.

M. RONFLANT.

Vous commencez par dire, *Il chante*[12].

Que de fleurs on va répandre !

LE DUC.

Oh, pour ce vers-là, je l'ai déjà écrit plus de vingt fois et je l'ai déjà effacé de même.

M. RONFLANT.

Pourquoi l'effacer ? il est bon ; il annonce la fête.

LE DUC.

C'est vrai. *Il écrit.*

Que de fleurs on va répandre !

M. DÉCOUSU.

Dans un jour aussi charmant !

LE DUC.

Voilà ce que j'ai fait.

Que de fleurs on va répandre,
Dans un jour aussi charmant !

[12] L'édition originale indique : *Il chante, et l'on chante tous les vers à mesure qu'on les fait.*

M. RONFLANT.

Vous allez d'un train ! attendez ; voyons ce que vous allez dire. Laissons faire Monsieur le Duc, ne le troublons pas.

LE DUC.

Je dirais par exemple…

M. DÉCOUSU.

Que de chants se font entendre,

M. RONFLANT.

Pour exprimer ce qu'on sent.

LE DUC.

Oui, oui.

Que de chants…

M. DÉCOUSU.

Se font entendre,

LE DUC.

Un moment s'il vous plaît.

Pour…

M. RONFLANT.

Exprimer ce qu'on sent.

LE DUC.

Pour exprimer ce qu'on sent.

Je ne trouve pas mal ces deux vers-là, qu'en dites-vous ? ne me flattez pas ; parlez-moi naturellement ?

Que de fleurs se font entendre.

M. DÉCOUSU.

Que de chants…

LE DUC.

Oui, oui.

Que de chants se font entendre,
Pour exprimer ce qu'on sent !

Cela va bien.

M. RONFLANT.

À merveille !

LE DUC.

Voyons un peu le reste. Je voudrais parler de ses grâces.

M. RONFLANT.

Oui, de ses grâces ; c'est très bien vu.

M. DÉCOUSU.

Vos grâces, votre art de plaire.

LE DUC.

Oui, je dis :

Vos grâces, votre art de plaire.

Écrivons.

M. RONFLANT.

Ce n'est sûrement pas nous qui le faisons dire à Monsieur le Duc.

LE DUC.

Vos grâces, votre art de plaire…

M. RONFLANT.

Font répéter tous les jours…

LE DUC.

Se répètent tous les jours.

Non, non, vous dites :

Font répéter tous les jours.

LE DUC.

Oui, oui, je dis :

Font répéter tous les jours.

Font répéter, font répéter, il y a bien de quoi ; c'est qu'il faut peindre en chantant…

M. DÉCOUSU.

Sans doute, et c'est là votre talent.

LE DUC.

Oui, je n'y suis pas absolument maladroit.

Font répéter tous les jours…

M. DÉCOUSU.

C'est la fête de Cythère ;

LE DUC.

Oh, pour celui-là, je me le vole à moi-même en le faisant ; je n'ai pas dit autre chose de la matinée.

C'est la fête de Cythère ;

M. RONFLANT.

C'est la fête des Amours.

LE DUC.

Cela va de soi-même ; fête de Cythère, fête des Amours ; qui dit l'un dit l'autre.

M. DÉCOUSU.

Dites, qui fait l'un fait l'autre.

LE DUC.

Sûrement.

C'est la fête des Amours.

M. RONFLANT.

C'est un tableau charmant !

M. DÉCOUSU.

On ne voit que des guirlandes dans les airs.

M. RONFLANT.

Des fleurs les parfument ; c'est un spectacle enchanteur ! personne que vous, ne pourrait dire aussi bien :

C'est la fête de Cythère ;
C'est la fête des Amours.

LE DUC.

Il est vrai que je n'en suis pas mécontent, j'ose le dire.

M. DÉCOUSU.

Parbleu, je le crois bien.

LE DUC.

Revoyons tout le couplet, Messieurs, je vous en prie. *Il chante.*

Que de fleurs on va répandre
Dans un jour aussi charmant !
Que de chants se font entendre
Pour exprimer ce qu'on sent !

M. RONFLANT.

Je vois la décoration de la fête. Quelle pompe, quelle magnificence !

M. DÉCOUSU.

Les chœurs chantants, sont rangés à droite et à gauche.

LE DUC.

C'est vrai, je n'y avais pas pris garde.

M. RONFLANT.

Bon, rien ne manque à cette fête ; quelle imagination !

M. DÉCOUSU.

Et dans un seul couplet.

LE DUC.

Vos grâces, votre art de plaire
Font répéter tous les jours,
C'est la fête de Cythère ;

Tous trois ensemble

C'est la fête des Amours.

M. RONFLANT.

Divin !

M. DÉCOUSU.

Délicieux !

LE DUC.

Je suis bien aise que vous en soyez contents.

M. DÉCOUSU.

Contents ?

M. RONFLANT.

Nous en sommes enchantés, ravis.

LE DUC.

Hé bien, croiriez-vous que ce matin j'ai été au point de croire que je ne parviendrais jamais à faire ce couplet ?

M. DÉCOUSU.

Vous ne connaissez pas vos talents, Monsieur le Duc.

M. RONFLANT.

Quand voulez-vous que je revienne pour mon cinquième acte, car je voudrais après obtenir une lecture des Comédiens ?

LE DUC.

Mais quand vous voudrez.

M. RONFLANT.

J'ai grand besoin que Monsieur le Duc voulût bien leur faire parler par quelqu'un.

LE DUC.

Je le veux bien, vous me direz par qui.

M. RONFLANT.

C'est que c'est difficile.

M. DÉCOUSU.

Moi, je ne demande que le suffrage de Monsieur le Duc, sur mon ariette, car le musicien est content.

LE DUC.

Nous verrons, je vous dirai naturellement…

M. DÉCOUSU.

C'est là tout ce qui me retient, les rôles sont déjà distribués, et cela ira tout de suite.

LE DUC.

Je vous ferai dire.

M. DÉCOUSU.

Pour votre couplet, Monsieur le Duc, je voudrais l'avoir fait.

M. RONFLANT.

Et moi aussi, je vous en réponds.

LE DUC.

Vous me faites le plus grand plaisir !

M. RONFLANT.

Je vous en demanderai une copie la première fois.

LE DUC.

Vous l'aurez.

MM. RONFLANT et DÉCOUSU,
chantent en s'en allant.

C'est la fête de Cythère,
C'est la fête des Amours.

SCÈNE III

LE DUC, DUPRÉ.

LE DUC.

Holà, quelqu'un ?

DUPRÉ.

Monseigneur ?

LE DUC.

Allons.

DUPRÉ.

Hé bien, Monseigneur ? votre couplet ?

LE DUC.

Il est fait.

DUPRÉ.

Et vous en êtes content ?

LE DUC.

Je t'en réponds, il est charmant !

DUPRÉ.

Je savais bien que vous en viendriez à bout, je n'avais garde de renvoyer ces Messieurs.

LE DUC.

Allons, viens, je te le chanterai en m'habillant. *Il s'en va, et il emporte le couplet.*

Fin du douzième Proverbe.

Explication du Proverbe :

12. *Un peu d'aide fait grand bien.*

L'ABBÉ DE COURE-DÎNER

Vingt-deuxième proverbe[1]

Édition de Sylvain Ledda

[1] Dans l'édition Merlin de 1768, tome second, troisième partie ; également publié dans les *Scènes comiques tirées de Molière, Regnard, Destouches, Lesage, etc.*, Londres, Simpkin et Marshall, 1829, p. 363 et suiv.

NOTICE

Le type de l'abbé glouton est une figure bien connue du théâtre comique depuis la fin du XVIIe siècle, que Carmontelle réinvestit avec talent. Archétype du pique-assiette[2], l'abbé de coure-dîner cherche vainement à se faire inviter à une bonne table. Cette donne liminaire justifie le constant changement de scène, puisque l'abbé passe dans toutes les maisons de sa connaissance susceptibles de le nourrir. Ce proverbe est assez exceptionnel dans son traitement de l'espace. Comment en effet passer d'un lieu à l'autre sans changer de décor ? Carmontelle fournit une solution qui repose sur une forte convention : exhiber au public un écriteau qui indique le changement de lieu : « *Pour jouer ce Proverbe, on écrit les lieux de la Scène sur des cartons, et on les change selon les lieux où se trouve l'Abbé. Si c'était sur un Théâtre, il faudrait changer les décorations*[3]. » Il suffit donc d'y croire pour se retrouver dans telle ou telle demeure. Ce cas extrême sur le plan dramaturgique témoigne de la puissance des conventions propres au genre.

Dans ce proverbe, Carmontelle traite avec brio l'un de ses sujets de prédilection : la gourmandise. En l'occurrence, le comique repose à la fois sur le fantasme gastronomique de l'abbé et ses déconvenues successives. Carmontelle pousse ici l'obsession alimentaire à son paroxysme, produisant une forme de jubilation savoureuse. L'on sait que Carmontelle se réservait parfois le rôle des barbons et des abbés ; on aime à penser qu'il a campé cet abbé fantasque qui ne tient pas en place, constamment animé par le désir d'un meilleur

---

2 Sur les différents types d'abbés du théâtre de Carmontelle, voir l'article de Valentina Ponzetto : « Représentations de la société dans les proverbes de société », *Études de lettres*, 317 | 2022, 193-216.

3 Voir page suivante.

met, d'une table mieux garnie. L'évocation des plats suffit à elle seule à susciter la joie de l'abbé. Si ce proverbe s'inscrit dans la tradition satirique des abbés gloutons, il n'épargne pas les hôtes qui reçoivent habituellement le prélat gourmand. Volontiers satirique, cette petite œuvre semble avoir inspiré l'abbé d'*Il ne faut jurer de rien* de Musset. Selon Léon Hermann, l'abbé du proverbe appartient « aux caractères les plus réussis du pique-assiette[4]. »

Ce proverbe semble avoir connu un certain succès ; dans son *Répertoire des pièces jouées sous la Révolution* (Droz, 1992), André Tissier mentionne la représentation du proverbe ; il est reproduit séparément et intègre une anthologie de scènes comiques publiée en 1829. La pièce figure dans le recueil illustré de 103 dessins aquarellés par Carmontelle, conservé au Musée Condé de Chantilly[5].

S.L.

---

[4] « Le proverbe dramatique en France », *Revue internationale de l'enseignement*, tome 79, 1925, p. 26.

[5] Numéro d'inventaire DE 1171-22. Autre numéro : Ms 394.

PERSONNAGES.

[illegible]

PERSONNAGES.

L'ABBÉ DE COURE-DINER. *Habit noir, manteau, perruque et canne.*
DAME ANNE, *Gouvernante de l'Abbé.*
M. DE MONTFORT, *Homme de Finance. Habit brodé en or, perruque à nœuds.*
CHAMPAGNE, *Laquais de M. de Montfort. Livrée de Finance.*
LE PRÉSIDENT DES BOUQUINS, *Amateur de Livres. En Robe de chambre, d'une ancienne étoffe, avec une perruque peu poudrée.*
LA FRANCE, *Laquais du Président. Livrée de Robe.*
LA MARQUISE D'AIMETOUT, *Coiffée et point habillée.*
JULIE, *Femme-de-Chambre de la Marquise. En Femme de Chambre.*
BEAULIEU, *Valet-de-Chambre du Vicomte de Guermont. Habit à petit galon, vieille veste en or.*
FLAMAND, *Laquais du Vicomte. Livrée jaune.*
M. BOURNIN, *Médecin. Habit noir, grande perruque.*
MAD. BERTRAND. } *Voisines de l'Abbé.*
BABET, *fille de Mad. Bertrand.* } *Habillées en femmes du Peuple.*

La Scène est chez l'Abbé ; chez M. de Montfort ;
chez le Président des bouquins ; chez la Marquise d'Aimetout ;
dans l'antichambre du Vicomte de Guermont,
et à la porte de l'Abbé, sur le palier de l'escalier.
Pour jouer ce Proverbe, on écrit les lieux de la Scène
sur des cartons, et on les change selon les lieux
où se trouve l'Abbé. Si c'était sur un Théâtre,
il faudrait changer les décorations.

SCÈNE PREMIÈRE.

La Scène est chez l'Abbé.

L'ABBÉ, DAME ANNE.

L'ABBÉ, *sortant.*

Vous entendez bien ce que je vous dis, dame Anne ?

DAME ANNE.

Oui, Monsieur l'Abbé ; mais je suis fâchée que vous ne vouliez pas dîner ici ; vous auriez un gigot bien mortifié[6], bien bon.

L'ABBÉ.

Un gigot, un gigot ! voilà un joli dîner, quand on a grand appétit. Je m'en vais chez Monsieur de Montfort.

DAME ANNE.

Ah, vous ferez meilleure chère là qu'ici.

L'ABBÉ.

Je vous en réponds.

DAME ANNE.

En ce cas-là, Monsieur l'Abbé ne reviendra que ce soir ?

L'ABBÉ.

Non. Passez un peu chez la blanchisseuse de rabats.

DAME ANNE.

Oui, oui, Monsieur l'Abbé ; j'irai voir ma sœur en même-temps.

[6] En cuisine, l'action de mortifier consiste à conserver une viande quelques jours avant de la cuire, afin qu'elle s'attendrisse.

L'ABBÉ.

Si l'imprimeur m'apporte une feuille, vous lui direz de revenir demain matin, elle sera corrigée.

DAME ANNE.

Je vous apporterai de l'encre pour ce soir.

SCÈNE II.

La scène est chez Monsieur de Montfort.

M. DE MONTFORT, *écrivant à son Bureau*, CHAMPAGNE.

M. DE MONTFORT.

Qu'est-ce que c'est que cela ?

CHAMPAGNE.

Ce sont vos lettres que vous aviez laissées hier dans le Salon.

M. DE MONTFORT.

C'est bon. *Champagne s'en va.* Met-on mes chevaux ?

CHAMPAGNE.

Oui, Monsieur.

M. DE MONTFORT.

Vous m'avertirez quand ils seront mis.

CHAMPAGNE, *annonçant.*

Monsieur l'Abbé de Coure-dîner.

M. DE MONTFORT.

Qu'il entre.

SCÈNE III.

M. DE MONTFORT, L'ABBÉ.

M. DE MONTFORT, *écrivant.*

Bonjour, Monsieur l'Abbé.

L'ABBÉ.

Vous êtes en affaire ?

M. DE MONTFORT.

Non ; voilà qui est fini. *Il n'écrit plus.* Hé bien, savez-vous quelque chose de nouveau ?

L'ABBÉ.

Non, je n'ai vu personne aujourd'hui. J'ai dîné hier chez Monsieur votre frère, où nous avons eu une longe de veau de Rouen[7] qui était délicieuse.

M. DE MONTFORT.

Hé bien, vous mangerez la pareille ici.

L'ABBÉ, *avec joie.*

Ma foi, je n'en serai pas fâché, car j'avoue que c'est ce que j'ai jamais mangé de meilleur.

M. DE MONTFORT.

Aimez-vous les guignards de Chartres[8] ?

L'ABBÉ.

Je vous en réponds.

---

[7] La Normandie est traditionnellement une région d'élevage bovin ; la longe de veau à la normande se compose d'une côte, de cidre et de crème.

[8] Selon Alexandre Dumas, le guignard est une « espèce de pluvier que l'on trouve surtout dans le Loiret et dans la Beauce [...] ; on en fait des pâtés très recherchés. » *Grand Dictionnaire de cuisine*, Paris, Lemerre, 1873, p. 618.

M. DE MONTFORT.

J'en ai aussi ; et des coqs de Bruyère ?...

L'ABBÉ.

Savez-vous que personne ne fait aussi bonne chère que vous ?

M. DE MONTFORT.

Je m'en pique un peu, à vous dire vrai. Que diable il faut bien vivre, l'argent n'est fait que pour s'en servir. J'attends une truite du Lac de Genève, dont je veux que vous mangiez aussi.

L'ABBÉ.

Je les connais. Diable ! c'est admirable !

M. DE MONTFORT.

Je suis bien fâché qu'elle ne soit pas arrivée.

L'ABBÉ.

Oh ; mais il ne faut pas tout manger le même jour.

M. DE MONTFORT.

N'en dites rien à mon frère.

L'ABBÉ.

Je n'ai garde ; personne n'en pourrait avoir ; il faut avouer que c'est un furieux mangeur.

M. DE MONTFORT.

Mais vous ne lui cédez guère, vous, l'Abbé.

L'ABBÉ.

Oh, je ne mange plus ; autrefois c'était bien différent ; je suis bien baissé.

M. DE MONTFORT.

Cela va bien encore. Ah-ça, viendrez-vous dîner demain avec moi ?

L'ABBÉ, *avec inquiétude.*

Demain ?

M. DE MONTFORT.

Oui, la truite sera peut-être arrivée.

SCÈNE IV.

M. DE MONTFORT, L'ABBÉ, CHAMPAGNE.

CHAMPAGNE.

Monsieur, vos chevaux sont mis.

M. DE MONTFORT.

C'est bon. *Il se lève. Champagne lui donne son épée.*

L'ABBÉ.

Vous ne dînez donc pas aujourd'hui ?

M. DE MONTFORT.

Non, je m'en vais dîner à Auteuil, chez un de mes confrères. Où dînez-vous ? voulez-vous que je vous mène ?

L'ABBÉ.

Je vous suis obligé, ce n'est pas votre chemin, et il est tard. Je vais chez le Président des Bouquins[9].

[9] Exemple de l'humour onomastique de Carmontelle ; s'il est attesté que le terme « bouquin » signifie vieux livre depuis le XVIe siècle, le terme désigne également un vieux bouc ou l'embouchure de certains instruments à vent pour la chasse à courre ; la scène suivante confirme la première acception.

M. DE MONTFORT.

Vous ferez mauvaise chère là.

L'ABBÉ.

Oui, vraiment ; mais c'est que j'ai affaire à lui. Quelquefois cependant…

M. DE MONTFORT.

À demain. Allons, passez donc. *Ils s'en vont.*

SCÈNE V.

La Scène est chez le Président des Bouquins.

LE PRÉSIDENT, *en robe de chambre, entrant.*

LA FRANCE, *apportant des livres.*

LE PRÉSIDENT.

Est-ce-là tout ce qu'il vous a donné ?

LA FRANCE.

Oui, Monsieur.

LE PRÉSIDENT.

Mais il y en a un plus grand.

LA FRANCE.

Il l'avait vendu ; si Monsieur le Président avait envoyé une heure plutôt, il l'aurait eu.

LE PRÉSIDENT.

Je lui avais dit que je le prendrais. Voyez qui est-là.

LA FRANCE.

C'est Monsieur l'Abbé de Coure-dîner.

SCÈNE VI.

LE PRÉSIDENT, L'ABBÉ.

LE PRÉSIDENT.

Ah, l'Abbé, c'est bien honnête à vous de me venir voir.

L'ABBÉ.

Monsieur le Président sait bien que quand je ne viens pas ici, ce n'est pas ma faute.

LE PRÉSIDENT.

J'en suis persuadé. Hé bien, le manuscrit en question ? L*a Bisantine Grecque* ; c'est-il bientôt traduit ?

L'ABBÉ.

Vous ne pouvez l'avoir que dans un an ; mais vous l'aurez. Vous aurez aussi la *Sagesse* de Charon[10], sans année.

LE PRÉSIDENT.

Allons, c'est bon ; je vous ferai voir de nouvelles acquisitions que j'ai faites, qui ne dépareront pas ma Bibliothèque.

L'ABBÉ, *un peu inquiet.*

Je le crois ; vous êtes assez connaisseur pour cela.

LE PRÉSIDENT.

J'attends encore un homme qui a beaucoup voyagé, et avec qui je veux vous faire dîner.

L'ABBÉ, *avec joie.*

Je ne demande pas mieux.

---

[10] L'abbé fait sans doute référence à *De la Sagesse* du moraliste Pierre Charron, publiée en trois volumes en 1601.

LE PRÉSIDENT.

J'arrangerai pour que cela soit un de ces jours.

L'ABBÉ.

Je croyais que c'était aujourd'hui.

LE PRÉSIDENT.

Non ; aujourd'hui, je n'aurais pas pu ; parce que j'ai toujours remis à prendre des eaux[11] depuis un mois ; et j'ai enfin commencé. Cela demande du régime.

L'ABBÉ *se lève.*

C'est très bien fait.

LE PRÉSIDENT.

Je suis bien aise qu'on vous ait laissé entrer, vous mangerez un poulet avec moi.

L'ABBÉ.

Je vous suis bien obligé ; je ne peux pas avoir cet honneur-là.

LE PRÉSIDENT.

Pourquoi ? Avec vous je ne ferai point de façon ; j'ai un pâté de perdrix, nous causerons, restez.

L'ABBÉ.

Je suis engagé et il est tard ; j'ai même peur de me faire attendre. Une autrefois je serai charmé de passer un peu de temps seul avec vous.

LE PRÉSIDENT.

Où allez-vous ?

---

[11] La pratique de la diète est connue depuis l'Antiquité ; dans la seconde moitié du XVIIIe siècle se développent certaines théories hygiénistes sur les vertus de l'eau ; ce mouvement correspond au développement des cures thermales, mode qui atteint son apogée au XIXe siècle.

L'ABBÉ.

Chez la Marquise d'Aimetout ; et je suis très pressé.

LE PRÉSIDENT.

Oh, elle ne dîne pas de bonne heure.

L'ABBÉ.

Je vous demande pardon. Elle a changé d'heure en changeant de jour.

LE PRÉSIDENT.

C'est que si vous y voyez l'Abbé Basane, vous me feriez plaisir de lui dire ce que je vais vous expliquer. Asseyez-vous.

L'ABBÉ.

Et non, je vous l'enverrai, cela vaudra mieux.

LE PRÉSIDENT.

Je voudrais qu'il fût prévenu ; cela sera fait dans un instant.

L'ABBÉ.

S'il n'y est pas, je viendrai vous revoir.

LE PRÉSIDENT.

C'est que je voudrais vous éviter cette peine-là.

L'ABBÉ.

Ce n'est jamais une peine pour moi.

LE PRÉSIDENT.

Si fait, vous avez des affaires. En deux mots…

L'ABBÉ.

Il est près de deux heures et demie. Je ne peux pas.

LE PRÉSIDENT.

Hé bien, en vous reconduisant, vous serez au fait aussi bien que moi. *L'Abbé s'en va et le Président suit.* L'Abbé Basane connaît un homme depuis mil sept cent quarante-cinq, qui a envie d'avoir un morceau que j'ai ; qui est unique ; c'est… vous le connaissez. *Ils sortent tous deux. Les Labyrinthes* de Bernard Hachin[12].

SCÈNE VII.

La scène est chez la Marquise.

LA MARQUISE, JULIE.

LA MARQUISE, *s'asseyant.*

Mademoiselle, où a-t-on mis le tableau que j'ai envoyé ici ?

JULIE.

Dans le boudoir, Madame.

LA MARQUISE.

Comment le trouvez-vous ?

JULIE.

Je ne l'ai pas regardé, Madame.

LA MARQUISE.

Comment, vous n'avez pas plus de curiosité que cela ?

JULIE.

Si c'était des rubans ou des dentelles, je les verrais parce que je m'y connais.

LA MARQUISE.

Et ce magot[13] qu'on m'a donné hier, qui est unique ?

---

[12] Nom et œuvre imaginaires.

[13] Un magot est un petit singe ; dans la seconde moitié du XVIIIe siècle, il est de bon ton d'en posséder un. Mais dans le contexte, il s'agit d'un objet figurant

JULIE.

Ah, Madame, il m'a bien amusé, parce qu'il remue la tête.

LA MARQUISE.

Mais ce n'est pas cela qu'il y a à considérer ; c'est comme il est bien fait ; c'est la vérité qu'il y a dans le visage.

JULIE.

La vérité. Est-ce qu'il parle ? je n'en savais rien.

LA MARQUISE.

Vous êtes odieuse ! Vous n'entendez seulement pas la valeur des mots.

JULIE.

J'ai cru que la vérité était de ne pas mentir, et qu'il fallait parler pour cela. Voilà ce que je veux dire.

LA MARQUISE.

Elle croit que je ne comprends pas ce qu'elle me dit, et elle me l'explique ; c'est délicieux cela, par exemple ! donnez-moi cet *in-folio*, qui est sur mon secrétaire.

JULIE.

Un *in ?*…

LA MARQUISE.

Un grand livre.

JULIE, *annonçant.*

Monsieur l'Abbé de Coure-dîner.

---

un magot, et particulièrement un automate. « On appelle aussi *Magot*, Une figure grotesque de porcelaine, de pierre, etc. *Magot de la Chine* », (*Acad.* 1762).

LA MARQUISE.

Non, Mademoiselle, je n'en ai plus que faire, allez-vous-en dîner.

SCÈNE VIII.

LA MARQUISE, L'ABBÉ.

LA MARQUISE.

Ah l'Abbé, vous voilà de bonne heure aujourd'hui ; j'en suis enchantée.

L'ABBÉ.

Je craignais qu'il ne fût plus tard ; c'est mon impatience ordinaire quand je viens ici.

LA MARQUISE.

L'Abbé, hé bien, cette pièce nouvelle que vous et moi, nous avions trouvé charmante, qui est tombée ! Expliquez-moi donc cela.

L'ABBÉ.

Madame, je la soutiens toujours très bonne ; et sa chute est une chose toute simple ; nous devions la prévoir.

LA MARQUISE.

Comment cela ?

L'ABBÉ.

C'est un genre qui n'est pas fait pour tout le monde ; avant de faire de pareilles pièces, il faut former le goût du Public.

LA MARQUISE.

Oui ; mais comment y parvenir ?

L'ABBÉ.

Comme je fais, par exemple ; par des dissertations bien raisonnées.

LA MARQUISE.

Qu'est-ce qui lit ces ouvrages-là ? ceux qui n'en ont que faire.

L'ABBÉ.

Madame, les nouvelles routes trouvent toujours des difficultés ; mais…

LA MARQUISE.

Qu'est-ce que vous regardez ?

L'ABBÉ.

Il n'est que deux heures à votre pendule ?

LA MARQUISE.

Elle est arrêtée depuis huit jours. Et puis, moi, je ne me soucie pas de savoir l'heure qu'il est. Est-ce que vous avez affaire ?

L'ABBÉ.

Non, pas à présent.

LA MARQUISE.

Hé bien, que vous fait l'heure ?

L'ABBÉ.

C'est que je ne vois arriver personne aujourd'hui.

LA MARQUISE.

Pourquoi faire ?

L'ABBÉ.

Pour dîner.

LA MARQUISE.

Vous n'avez pas dîné ?

L'ABBÉ.

Non, vraiment.

LA MARQUISE.

Il fallait donc dire cela, l'Abbé. J'ai changé encore mon jour[14] ; est-ce que vous ne le savez pas ?

L'ABBÉ.

Non, Madame, en vérité.

LA MARQUISE.

Eh bien, l'on va vous faire quelque chose. Je ne dîne pas moi, parce que je suis d'un souper de noce ; mais je vous tiendrai compagnie.

L'ABBÉ.

En ce cas-là, Madame, permettez…

LA MARQUISE.

Où irez-vous à l'heure qu'il est.

L'ABBÉ.

Chez le Vicomte de Guermont, où je peux arriver à toute heure.

LA MARQUISE.

Le Vicomte ? il est malade je crois.

L'ABBÉ.

Je l'ai vu avant hier.

---

[14] Dans la société aristocratique, « avoir son jour » signifie recevoir ses convives un jour fixe de la semaine ; cet usage perdure au XIXe siècle (voir Alexandre Dumas, *Antony*, ; Alfred de Musset, *Un Caprice*).

LA MARQUISE.

Je peux bien me tromper. Je voudrais pourtant bien que vous restassiez ; je vous ferais voir un oursin qu'on va m'envoyer, qui est de la première beauté, une momie[15] et une scalata[16], qui est admirable !

L'ABBÉ.

Je verrai cela une autre fois.

LA MARQUISE.

Pourquoi ? on vous fera des œufs brouillés, je ne sais quoi ; vous en souperez mieux.

L'ABBÉ.

Je vous suis bien obligé, je ne soupe jamais.

LA MARQUISE.

Ah ça, l'Abbé, c'est Jeudi que j'ai pris… Souvenez-vous-en.

L'ABBÉ.

Oui, oui, Madame.

LA MARQUISE.

Ah, j'oubliais. L'Abbé, l'Abbé. *Elle court après lui.*

SCÈNE IX.

La Scène est dans l'antichambre du Vicomte de Guermont.

BEAULIEU, M. BOURNIN.

BEAULIEU, *sortant d'une chambre et suivant Monsieur Bournin.*

Monsieur, quand reviendrez-vous ?

---

[15] Dans le contexte, corps animal ayant subi un processus de conservation.

[16] Coquillage dont la pointe n'est pas très allongée, qui appartient à la catégorie des limaçons cannelés.

M. BOURNIN.

À cinq heures, parce que nous verrons comme il sera ; peut-être le saignerons-nous du pied.

BEAULIEU.

C'est donc une maladie bien sérieuse ?

M. BOURNIN.

Je n'en sais rien encore ; cela commence vivement, nous verrons ce que la saignée déterminera. Donnez-lui un lavement comme je vous ai dit.

BEAULIEU.

Monsieur, j'ai envoyé un exprès à Monsieur son frère et à Madame sa sœur.

M. BOURNIN.

Vous avez bien fait. Mettez ce que je vous ai dit dans le lavement.

BEAULIEU.

Je m'en vais en envoyer chercher tout à l'heure. Vous n'oublierez pas de revenir, Monsieur.

M. BOURNIN.

Non, sûrement.

BEAULIEU.

Vous aurez le carrosse chez vous à cinq heures.

M. BOURNIN.

Hé bien, oui.

SCÈNE X.

BEAULIEU, FLAMAND.

BEAULIEU.

Flamand, Flamand ?

FLAMAND, *se réveillant.*

Hé bien, qu'est-ce que vous voulez ?

BEAULIEU.

Tenez, allez chez l'herboriste, chercher cela. *Il lui donne un papier.*

FLAMAND.

C'est écrit là-dessus ?

BEAULIEU.

Oui ; allez donc, j'attends après.

FLAMAND, *lentement.*

Allons, j'y vais, j'y vais.

SCÈNE XI.

L'ABBÉ, BEAULIEU.

L'ABBÉ.

Vous grondez ce pauvre Flamand ?

BEAULIEU.

Oui ; parce qu'il dort toujours.

L'ABBÉ.

Dites-moi un peu, Monsieur Beaulieu, y a-t-il longtemps qu'on est à table ?

BEAULIEU.

À table, Monsieur l'Abbé ?

L'ABBÉ.

Oui, je n'ai pas pu venir plus tôt.

BEAULIEU.

Eh Monsieur le Vicomte est dans son lit ; et il a été saigné six fois depuis hier midi ; et peut-être sera-t-il saigné du pied à cinq heures.

L'ABBÉ.

Et quelle est sa maladie ?

BEAULIEU.

On n'en sait rien encore ; Monsieur Bournin sort d'ici, il doit revenir à cinq heures.

L'ABBÉ.

Cela est bien prompt. Puis-je entrer ? Je vous dirais bien, moi…

BEAULIEU.

Non ; il a défendu de lui laisser voir personne. Si Madame sa sœur était ici, cela serait différent ; mais je suis tout seul ; et vous entendez bien…

L'ABBÉ.

Oui, oui, vous avez raison.

BEAULIEU.

Je m'en vais auprès de lui.

L'ABBÉ.

Je viendrai savoir de ses nouvelles.

BEAULIEU.

Faites-moi demander, Monsieur l'Abbé.

L'ABBÉ.

Oui, oui. *Beaulieu rentre.* Je n'ai pas autre chose à faire, que de m'en retourner chez moi. Je meurs de faim ; et il est trop tard pour aller ailleurs. *Il sort.*

SCÈNE XII.

La scène est à la porte de l'Abbé, sur le palier de l'escalier.

MAD. BERTRAND, *avec une quenouille.*

BABET, *son ouvrage à la main.*

BABET, *écoutant à la porte de l'Abbé.*

Ma mère, je n'entends rien.

MAD. BERTRAND.

Il me semble pourtant que c'est le chien de Dame Anne, qui hurlait.

BABET.

Écoutez, vous-même.

MAD. BERTRAND, *écoutant.*

C'est vrai, je n'entends rien non plus.

BABET.

Quand je vous dis que je l'ai vu sortir avec elle.

MAD. BERTRAND.

Quand je vous dis, quand je vous douze[17] ; elle veut toujours tout savoir mieux que moi.

---

[17] « Espèce de jeu de mots amphigouriques, emportant avec soi une idée de réduplication, et marquant l'insistance qu'on met à être entendu, compris ou

BABET.

N'allez-vous pas vous fâcher pour cela ?

MAD. BERTRAND.

Je suis la maîtresse de me fâcher si je veux, apparemment ?

BABET.

Oui, voilà un beau plaisir ; tenez, écoutez à présent, entendez-vous ?

MAD. BERTRAND.

Non.

BABET.

Vous voyez bien que c'est le chien du Charon ; je l'entends souvent ; j'en suis sûre.

MAD. BERTRAND.

Elle sait toujours tout ; les autres sont des bêtes, à l'entendre.

BABET.

Est-ce que je dis cela ?

MAD. BERTRAND.

Il vaudrait mieux. Ah, voilà Monsieur l'Abbé. Nous allons voir si j'ai raison ou tort.

---

obéi. Encore aujourd'hui, il y a peu de locutions aussi populaires que celle-là, et aussi parisiennes, bien qu'elle ne soit pas étrangère à la province, notamment à la Bourgogne. » Charles Nisard, *De quelques Parisianismes populaires et autres locutions non encore expliquées des XVII*e*, XVIII*e* et XIX*e* siècles*, Paris, Maisonneuve, 1876, p. 90.

SCÈNE XIII.

L'ABBÉ, MAD. BERTRAND, BABET.

MAD. BERTRAND.

Ah, Monsieur l'Abbé…

L'ABBÉ.

Qu'est-ce que vous voulez, Madame Bertrand ?

MAD. BERTRAND.

C'est que nous croyions entendre hurler le chien de Dame Anne.

L'ABBÉ.

Est-ce qu'elle n'y est pas ?

BABET.

Non, elle est sortie ; et elle nous a dit qu'elle ne reviendrait pas si tôt.

MAD. BERTRAND.

Mais il y a longtemps ; ouvrez donc ; que nous voyons si son chien y est.

L'ABBÉ, *fouillant dans sa poche.*

Bon, je n'ai pas ma clef, à présent. Tout m'est contraire aujourd'hui !

MAD. BERTRAND.

C'est bien malheureux ! Nous aurions sûrement trouvé le chien.

L'ABBÉ.

Ce n'est pas le chien que je voudrais trouver. Comment faire ?

MAD. BERTRAND.

Si vous voulez quelque chose, Monsieur l'Abbé.

L'ABBÉ.

Je voudrais dîner.

MAD. BERTRAND.

Vous n'avez pas dîné ?

L'ABBÉ.

Et non vraiment.

MAD. BERTRAND.

Tu vois bien, Babet, qu'il n'est pas si tard que tu disais.

L'ABBÉ.

Et parbleu, si fait, il est tard.

BABET.

Vous voyez bien aussi que j'ai raison, ma mère.

MAD. BERTRAND.

Allons, tais-toi.

L'ABBÉ.

Il faut bien que je m'en aille. Écoutez, Madame Bertrand.

MAD. BERTRAND.

Oui, Monsieur l'Abbé.

L'ABBÉ.

Vous direz à Madame Anne de mettre le gigot à la broche, tout-à-l'heure.

MAD. BERTRAND.

Oui, Monsieur l'Abbé.

BABET.

Mais elle ne reviendra pas de longtemps.

MAD. BERTRAND.

Qu'est-ce que cela fait ? Écoutons Monsieur l'Abbé.

L'ABBÉ.

Cela fait tout. Qu'elle me fasse une soupe à l'oignon et une omelette, pendant que le gigot cuira.

MAD. BERTRAND.

Oui, Monsieur l'Abbé.

BABET.

Elle ne reviendra pas avant sept heures ; car elle a dit qu'elle ne serait de retour qu'à la nuit.

MAD. BERTRAND.

Veux-tu te taire.

L'ABBÉ.

À sept heures ?

BABET.

Oui, Monsieur l'Abbé.

L'ABBÉ.

Il en sera plus de huit, quand tout cela sera fait.

BABET.

Au moins.

L'ABBÉ.

Allons, je m'en vais prendre une tasse de café au lait ; et j'irai à la Comédie en attendant. Dites-lui bien de faire tout ce que je vous ai dit, entendez-vous ?

MAD. BERTRAND.

Oh, oui, Monsieur l'Abbé, nous n'y manquerons pas.

L'ABBÉ.

Adieu, Madame Bertrand ; je vous serai bien obligé. *Il s'en va.*

MAD. BERTRAND.

Monsieur, je suis bien votre servante. Tu es bien aise qu'il n'avait pas la clef, à cause du chien.

BABET.

Pour cela non : car vous auriez vu qu'il n'y était pas.

MAD. BERTRAND.

Allons, allons, rentre travailler et ne me raisonne pas davantage. *Elles rentrent toutes les deux.*

Fin du vingt-deuxième Proverbe.

Explication du Proverbe :

22. Qui s'attend à l'écuelle d'autrui, dîne souvent par-cœur.

L'HISTOIRE

VINGT-CINQUIÈME PROVERBE[1]

Édition de Sylvain Ledda

[1] Dans l'édition Merlin de 1768, tome second, troisième partie.

NOTICE

Peintre des petits faits vrais, Carmontelle déploie ce talent singulier dans *L'Histoire*. Dans ce court proverbe, quelques amis se réunissent au salon mais les sujets de conversation manquent à cette assemblée aristocratique. L'arrivée d'un abbé promet de rompre l'ennui qui s'installe. Mais c'est finalement le Commandeur qui raconte une histoire tant espérée. Or la mémoire du personnage est incertaine et finalement le récit traîne en longueur sans avancer. Incapable de raconter son histoire, le commandeur s'embrouille et les auditeurs tentent de combler les vides de sa mémoire défaillante. Le dialogue repose sur un phénomène banal, celui du trou de mémoire et de l'agacement qui s'ensuit. Rechercher un nom propre oublié, un toponyme ou même un mot commun produit une situation à la limite de l'exaspération. Habilement, Carmontelle fait évoluer le statut du personnage du Commandeur : s'il suscite d'abord l'attention de l'auditoire, il se mue en fâcheux au fil du dialogue et de la frustration des autres personnages. *L'Histoire* dont on ne saura finalement rien met en scène la tension progressive créée par l'insatisfaction. Au-delà de l'histoire tant attendue, la fonction discrètement satirique du proverbe se fait jour dans cette petite comédie : l'oisiveté et l'ennui de l'aristocratie sont tels que l'attente autour d'une anecdote savoureuse devient un enjeu déterminant. Le décalage entre l'attente programmée et la déception dresse un constat assez pessimiste de la bonne société que croque Carmontelle, réduite à se nourrir de ragots de cour.

Cette situation simple produit un dialogue savoureux, proche du burlesque. Le récit empêché, matrice de *L'Histoire* de Carmontelle, sera repris par les dramaturges de l'absurde.

Jean Tardieu exploite le ressort des dialogues interrompus dans *Finissez vos phrases* (1978), tandis que Ionesco joue avec les trous de mémoire et leur potentiel tragi-comique dans *La Cantatrice chauve* (1950).

La pièce figure dans le recueil illustré de 103 dessins aquarellés par Carmontelle, conservé au Musée Condé de Chantilly[2]. L'aquarelle qui illustre le proverbe représente une assemblée suspendue aux lèvres d'un conteur qui se tient debout.

S.L.

---

[2] Numéro d'inventaire DE 1171-25. Autre numéro : Ms 394.

PERSONNAGES.

LA MARQUISE. LA COMTESSE.	} *Mises comme à la campagne.*
LE VICOMTE. LE BARON. L'ABBÉ DE FOND-GRAS.	} *En habits de campagne.*

LE COMMANDEUR DE CANTAC. *Habit brodé, croix de Malthe, canne et jambe de bois, et perruque à la Brigadière.*

DUVAL, *Valet de chambre de la Comtesse.*

La Scène est chez la Comtesse, dans le Salon.

SCÈNE PREMIÈRE.

LA COMTESSE, LA MARQUISE, LE BARON, LE VICOMTE.

LA COMTESSE.

Passez donc là, Madame la Marquise.

LA MARQUISE.

Je suis ici à merveille. *S'asseyant.*

LA COMTESSE.

Messieurs, vous avez là des sièges. *À la Marquise.* C'est bien à vous, de venir de bonne heure comme cela.

LA MARQUISE.

Mais vraiment, j'avais bien peur de ne pouvoir pas sortir ; ma mère ne veut jamais fermer sa porte ; vous savez comme elle est ; heureusement, il n'est venu que des hommes : j'ai dit, avant qu'il arrive quelqu'un, je m'en vais m'échapper ; et je suis venue.

LE VICOMTE.

Je vous avertis, Mesdames, que si vous attendez la Vicomtesse, vous ne l'aurez pas sitôt.

LA COMTESSE.

Pourquoi donc ?

LE VICOMTE.

Parce qu'elle ne finit jamais rien ; et puis le mariage de sa belle-sœur l'occupe ; elle ne sait plus ce qu'elle fait.

LE BARON.

Je ne savais pas qu'elle se mariât ; qui épouse-t-elle ?

LE VICOMTE.

Le Comte de Florensac.

LE BARON.

Florensac ? Qu'est-ce que c'est que ce Florensac-là ?

LE VICOMTE.

Ma foi, c'est bien difficile à expliquer.

LA MARQUISE.

Je m'en vais lui faire entendre en deux mots. Vous avez connu la grande Comtesse de Brindière, qui avait marié sa fille au Comte d'Hennevaux, qu'on appelait *casse-tête*, parce que c'était un braillard insupportable ?

LE BARON.

Oui, qui avait perdu un œil à Philisbourg[3].

LA MARQUISE.

C'est cela même. Hé bien, Casse-tête avait une sœur qui était Chanoinesse, et qui eut tout d'un coup trente mille livres de rente de sa tante Lamotte Bouroncourt.

LE BARON.

Oui, je sais bien tout cela.

LA MARQUISE.

Le Florensac qui épouse la belle-sœur de la Vicomtesse, est fils de la Chanoinesse d'Hennevaux, mariée à Florensac, qui était, je crois, dans la Marine.

[3] Ville du Bade-Wurtemberg ; passée sous contrôle français sous le règne de Louis XIV, la ville a subi plusieurs sièges ; le Baron fait allusion à celui de juillet 1734, épisode lié à la Guerre de Succession de Pologne. Le 18 juillet, les Français entrent dans la ville, qui signe sa reddition.

LE BARON.

Non, dans la Maison du Roi.

LA MARQUISE.

Il me semble que c'est dans la Marine.

LE VICOMTE.

Vous avez raison tous les deux. Il était dans la Marine ; mais par un mécontentement, il a quitté et il est entré dans la Maison.

LA COMTESSE.

Est-il riche, Vicomte ?

LE VICOMTE.

Non pas à présent ; mais d'un moment à l'autre, il peut avoir quarante à cinquante mille livres de rente[4].

SCÈNE II.

LA COMTESSE, LA MARQUISE, LE VICOMTE, LE BARON, L'ABBÉ, DUVAL.

DUVAL, *annonçant.*

Monsieur l'Abbé de Fond-gras.

LA COMTESSE.

Ah ! l'Abbé ! c'est délicieux ! Il ne se fait jamais attendre.

L'ABBÉ.

Il m'en coûte assez pour cela, Mesdames, je suis bien aise de vous le dire.

LA MARQUISE.

Comment donc, l'Abbé ?

4 Somme très élevée, environ 800 000 euros actuels.

L'ABBÉ.

Je viens de perdre quinze louis[5] au Whist[6] ; et je n'ai pas voulu de revanche à cause de vous. Mais qu'est-ce que vous attendez pour partir ?

LA COMTESSE.

La Vicomtesse.

L'ABBÉ.

Vous ne pourrez jamais vous promener ; les jours sont diminués et vous avez quatre lieues à faire, et la montagne encore.

LE BARON.

Il n'y a que trois lieues, Monsieur l'Abbé.

L'ABBÉ.

Comme vous voudrez, mais comme on est toujours deux heures à les faire, j'appelle cela quatre lieues, et bonnes.

LA COMTESSE.

Ah, Messieurs, ne disputons pas, je vous en prie. Dites-nous plutôt s'il y a quelque chose de nouveau, l'Abbé ?

L'ABBÉ.

Il y a... les mariages.

LA MARQUISE.

Nous les savons.

L'ABBÉ.

Et puis l'histoire de Versailles.

---

[5] Quinze louis d'or représentent environ 800 euros actuels.

[6] Jeu de cartes d'origine anglaise, très en vogue au XVIIIe et XIXe siècle ; il se joue à quatre, deux *partners* contre deux.

LA MARQUISE.

Qu'est-ce que c'est ?

LA COMTESSE.

Dites donc.

L'ABBÉ.

Elle est très singulière ; comment, est-ce que vous n'en avez pas entendu parler ?

LA MARQUISE.

Non vraiment.

LA COMTESSE.

Vous nous faites languir, l'Abbé ; vous êtes odieux.

L'ABBÉ.

Mais c'est que je ne sais pas si je pourrai bien vous la conter.

LA MARQUISE.

Oh, que oui.

L'ABBÉ.

C'est qu'il y a des choses… Il faudrait… Le Commandeur y était.

LE VICOMTE.

Il doit venir ici, le Commandeur.

L'ABBÉ.

Oh bien, il vous la contera mieux que moi.

LE VICOMTE.

J'entends quelqu'un ; je parie que c'est lui.

LA MARQUISE.

Et s'il ne vient pas, nous ne saurons pas l'histoire ?

SCÈNE III.

LA MARQUISE, LA COMTESSE, LE VICOMTE, LE BARON, L'ABBÉ, LE COMMANDEUR, DUVAL.

DUVAL, *annonçant.*

Monsieur le Commandeur de Cantac.

LA MARQUISE.

Ah, Commandeur, arrivez donc.

LA COMTESSE.

Nous vous attendons avec la plus grande impatience.

LE COMMANDEUR, *saluant.*

Mesdames…

L'ABBÉ.

Asseyez-vous : ces Dames voudraient savoir l'histoire de Versailles.

LE COMMANDEUR.

C'est-à-dire du chemin du Versailles.

L'ABBÉ.

Est-ce du chemin ?

LE COMMANDEUR.

Oui, j'y étais, j'ai tout vu ; ainsi personne ne peut, je crois, vous en mieux rendre compte que moi.

LA COMTESSE.

Cela est agréable de savoir comme cela de la première main.

LE COMMANDEUR.

Je vous dis, j'ai tout vu.

LA MARQUISE.

Hé bien, commencez donc.

LE COMMANDEUR.

Vous pourrez conter cela d'après moi, comme si vous y aviez été.

LA COMTESSE.

Oui, oui.

LE COMMANDEUR.

Madame, c'était sur les une heure ; non, non, j'avais dîné à Versailles et je revenois… Attendez. Je me trompe ; c'était en allant… Quelle heure était-il ?

LA MARQUISE.

Que fait l'heure ?

LE COMMANDEUR.

Cela est essentiel.

LA COMTESSE.

Dites seulement si c'était le matin où l'après-dînée.

LE COMMANDEUR.

C'était de jour ; mais pour l'heure… cela ne fait rien.

LA MARQUISE, *à part.*

Il me fait mourir.

LE COMMANDEUR.

Après avoir passé le pont de Sèvres…

LA MARQUISE.

De Sèvres, allons.

LE COMMANDEUR.

De Sèvres ? Oui, oui, vous suivez le chemin. Il y a un endroit, où il y a un…

L'ABBÉ.

Un fond ?

LE COMMANDEUR.

Non, non.

LE VICOMTE.

Une hauteur ?

LE COMMANDEUR.

Non, non, un…

LE BARON.

Un village ?

LE COMMANDEUR.

Non pas un village, un… Comment diable est-ce que je vous dirais bien ? un… Cela ne fait rien ; c'est sur le chemin toujours.

LA COMTESSE.

Hé bien ?

LE COMMANDEUR.

Ne vous inquiétez pas ; vous ne perdrez pas un mot de l'histoire. Je vis arriver à droite une voiture ; c'était une chaise de poste[7] ; une chaise de poste ? attendez, non ; car il y avait quatre personnes dedans.

---

[7] Apparue au début du règne de Louis XIV, la chaise de poste est un véhicule léger qui transporte un voyageur.

L'ABBÉ.

C'était donc une berline[8] ?

LE COMMANDEUR.

Ah, oui, une berline. Il y avait dedans Madame de… Comment appelez-vous une Intendante…

LA MARQUISE.

Ah, Madame de Bérouville ?

LE COMMANDEUR.

Non, non, ce n'est pas Madame de Bérouville ; c'est une grande femme.

LA MARQUISE.

Madame de Roumont ?

LE COMMANDEUR.

Non, non, Madame de. De… Cela ne fait rien. Avec elle était son frère, un Maître des Requêtes, Monsieur de… un gros homme.

LA COMTESSE.

Ah, Delgraviers ?

LE COMMANDEUR.

Non, ce n'est pas cela ; c'est de Du…

L'ABBÉ.

Du Grandbac ?

LE COMMANDEUR.

Non, ce nom là ne me revient jamais. Du… du… des… des… cela ne fait rien. L'Abbé de chose était à côté de Madame

[8] Inventée à la fin du XVIIe siècle puis perfectionnée, la berline est un véhicule hippomobile suspendu qui peut en effet accueillir quatre voyageurs.

de… l'Abbé, c'est celui que nous connaissons tous, qui soupa l'autre jour chez Madame de… Hé, l'Abbé…

LE VICOMTE.

De la Veiniere ?

LE COMMANDEUR.

Non, l'Abbé, l'Abbé… Un gros visage.

LE BARON.

L'Abbé Despins ?

LE COMMANDEUR.

Non, l'Abbé… cela ne fait rien. Vis-à-vis de lui était le Marquis de… eh, vous savez bien qui je veux dire, qui a eu un Régiment il y a trois ans.

LE VICOMTE.

Un Régiment d'infanterie ?

LE COMMANDEUR.

Non, de Cavalerie ; le Régiment… un Régiment bleu.

LE BARON.

Mais ils le sont presque tous à présent.

LE COMMANDEUR.

Oui ; mais c'est le Régiment de…

LE VICOMTE.

Il n'y a qu'à prendre l'État Militaire.

LE COMMANDEUR.

Non, non je vous le dirai ; le Régiment… cela ne fait rien. Vous connaissez à présent les quatre personnes de la voiture ; comme ils allaient tourner pour aller du côté de…

LA MARQUISE.

De Versailles ?

LE COMMANDEUR.

Non, non.

LA COMTESSE.

C'est donc du côté de Paris.

LE COMMANDEUR.

Non, non, pour suivre le grand chemin. Il est arrivé tout d'un coup une chaise de poste qui… je ne me trompe pas, c'est une chaise, oui. La chaise s'est arrêtée ; il en est sorti… ils étaient deux ; c'était une diligence[9].

LA MARQUISE.

Dites-donc ce qui est sorti ?

LE COMMANDEUR.

Monsieur de la… de la… un Conseiller ; non, un Président, Monsieur de la…

L'ABBÉ.

Monsieur de la Ferville ?

LE COMMANDEUR.

Non pas, non ; Monsieur de la…

LA COMTESSE.

Le Président de Grandcour ?

LE COMMANDEUR.

Non ce n'est pas Grandcour. Le Président… cela ne fait rien. Le Président s'est jeté… Attendez, je crois que son nom me revient.

[9] Voiture hippomobile utilisée pour le transport en commun, qui peut véhiculer de quatre à huit voyageurs.

LA MARQUISE.

Dites, dites, où s'est-il jeté ?

LE COMMANDEUR.

Tout à l'heure. *Il tire sa montre.* Comment diable ! Il est cinq heures et demie ; et l'Opéra nouveau que je veux voir. *Il s'en va.*

LA MARQUISE.

Mais, Commandeur…

COMMANDEUR, *revenant.*

Ah ça, ne me citez pas, parce qu'on n'est pas bien aise dans ces cas-là… *Il s'en va.*

LA COMTESSE.

Nous voilà bien instruits.

L'ABBÉ.

Je vous conterai ce que je sais en chemin.

LE VICOMTE.

Oui, oui, partons. La Vicomtesse viendra comme elle voudra ; peut-être point.

LA COMTESSE.

Sonnez un peu, l'Abbé. *Il sonne.*

DUVAL.

Que veut Madame ?

LA COMTESSE.

Les chevaux.

DUVAL.

Ils sont tout prêts il y a une heure.

LA COMTESSE.

Allons-nous-en, Marquise. *Ils sortent tous.*

Fin du vingt-cinquième Proverbe.

Explication du Proverbe :

25. Promettre et tenir sont deux.

LE VEUF

Trente-deuxième proverbe[1]

Édition de Marie-Emmanuelle Plagnol-Diéval

[1] Dans l'édition Lejay de 1774, tome premier, seconde partie. Figure également dans le tome 10 du *Recueil général des proverbes dramatiques en vers et en prose, tant imprimés que manuscrits*, Londres, Paris, chez les libraires qui vendent les nouveautés, 1785.

NOTICE

Le Veuf fait partie de ces séries de proverbes dont le titre est centré sur un personnage, ici un veuf soi-disant inconsolable après quinze jours de deuil. Le proverbe met en scène trois hommes, le veuf et deux amis dont l'un a été l'amoureux, sinon l'amant de la femme. Le proverbe en deux scènes de longueur inégale présente d'abord les deux amis et lance le pari ce qui place le lecteur-spectateur dans une position privilégiée d'attente et de supériorité dans le partage des informations. Le comique s'enclenche alors autour des souvenirs évoqués par les trois hommes : une anecdote entre la défunte et un abbé dont on ne connaîtra rien (une forme d'attente déçue également pratiquée dans un autre proverbe *L'Histoire*[2]), le rappel des traits de caractère de la défunte, sa gaieté, ses talents de danseuse et de musicienne notamment dans l'opéra-comique et sa façon d'être en société. Les évocations parlées se muent rapidement selon une structure croissante en petites scènes qui tentent de faire revivre la jeune femme : les trois hommes pleurent et rient à l'unisson, l'imitent en train de chanter et de danser en alternant les couplets et les pas de danse entre eux. Il y a là pour des acteurs amateurs une palette de rôles de composition : passer du rire aux larmes, chanter faux, chanter comme une femme, danser entre hommes comme un couple. À toutes ces formes comiques assurées, s'ajoutent l'ironie des répliques faisant comprendre au spectateur que d'Ervière a aimé cette femme, chose que le veuf semble ignorer totalement d'où cette réplique : « Ah, d'Ervière le sait bien, si elle en a aimé un autre ; il est là pour le dire. Hélas, la pauvre femme ! » (sc. 2). L'intérêt du

---

[2] Voir dans ce volume l'édition de Sylvain Ledda, p. 171-189.

spectateur est ainsi maintenu durant toute la scène 2 par les différentes saynètes jouées par les trois hommes, les bribes d'information qu'il recueille sur cette femme et le suspense du pari. Comme on s'en doute et comme le constate le mot (« Il n'y a point d'éternelles douleurs »), le pari réussit et les trois amis partent incognito au Bal de l'Opéra.

On comprend aisément la fortune de ce proverbe, assez intemporel par son sujet et doté d'un comique éprouvé. Aussi a-t-il été créé à la Comédie-Française en matinée, le samedi 22 janvier 1938 dans une mise en scène de Jean Debucourt et a connu 91 représentations de 1938 à 1960. Il a bénéficié d'une nouvelle mise en scène de Robert Manuel à partir du 9 décembre 1955 et André Jolivet a composé une musique pour *Le Veuf* en 1955. Il est entré au répertoire. Le proverbe a également été enregistré en studio à la Maison de la Radio à Paris en février 1976 et a connu deux diffusions le 21 mars 1976 et le 20 février 1977. La pièce figure dans le recueil illustré de 103 dessins aquarellés par Carmontelle, conservé au Musée Condé de Chantilly[3]. Le dessin montre les personnages en train de danser.

M-E P-D.

---

[3] Numéro d'inventaire DE 1171-32. Autre numéro : Ms 394.

PERSONNAGES.

M. D'ORBEL. *Habit de velours bleu, brodé.*
M. D'ERVIÈRE. *Habit rouge, galonné d'or.*
M. DE GRAND-PRÉ, *veuf. En grand deuil, avec des pleureuses*[4].

La Scène est chez Monsieur d'Ervière.

---

[4] *Pleureuses* : « On appelle ainsi de larges manchettes de toile de Hollande, de batiste, qu'on met sur le revers de la manche d'un justaucorps, dans les premiers temps d'un grand deuil », (*Acad.* 1762).

SCÈNE PREMIÈRE.

M. D'ERVIÈRE, M. D'ORBEL.

M. D'ERVIÈRE *entre tristement, un billet à la main. Il s'assied et soupire.*

Ah !

M. D'ORBEL.

Pourquoi donc ne m'as-tu pas attendu ? Je t'aurais ramené.

M. D'ERVIÈRE.

Je croyais que tu restais encore, ou que tu irais au Bal de l'Opéra[5], avec ces dames.

M. D'ORBEL.

Qu'est-ce que c'est donc que cette tristesse-là ? T'est-il arrivé quelque malheur ?

M. D'ERVIÈRE.

Non, pas à moi ; mais c'est à ce pauvre Grand-Pré.

M. D'ORBEL.

Comment ?

M. D'ERVIÈRE.

Tu sais bien qu'il a perdu sa femme ?

M. D'ORBEL.

Oui.

M. D'ERVIÈRE.

Il est inconsolable.

[5] Le bal de l'Opéra a lieu pendant la période du Carnaval à Paris, le premier a lieu le 2 janvier 1716. Il y a deux bals par semaine, masqués, à partir de minuit.

M. D'ORBEL.

Inconsolable, qui, Grand-Pré ?

M. D'ERVIÈRE.

Oui, Grand-Pré.

M. D'ORBEL.

Tu te moques de moi ; nous avons dîné ensemble ; et nous avons ri comme des fous.

M. D'ERVIÈRE.

Oui, ri ! Il est comme cela devant le monde ; mais dans le particulier…

M. D'ORBEL.

Dans le particulier, il sera de même.

M. D'ERVIÈRE.

Vous autres agréables[6], vous ne croyez pas qu'on puisse regretter une femme sincèrement ?

M. D'ORBEL.

Si ; quand on en était aimé, il est douloureux de la perdre ; mais on ne pleure pas toujours ; et il y a plus de quinze jours[7] que Madame de Grand-Pré est morte.

M. D'ERVIÈRE.

C'est donc bien long, quinze jours ?

M. D'ORBEL.

Oui, pour de la douleur.

M. D'ERVIÈRE.

Hé bien, ce pauvre Grand-Pré pleurera longtemps, lui.

---

[6] Employé substantivement, le terme désigne quelqu'un qui « croit être agréable, et qui affecte de passer pour tel », *Acad.* 1762.

[7] Le délai est plus court que dans « La jeune veuve » de La Fontaine…

M. D'ORBEL.

Tu la pleureras peut-être plus longtemps, toi.

M. D'ERVIÈRE.

Moi, je l'aimais beaucoup.

M. D'ORBEL, *en souriant.*

Je le sais bien ; voilà pourquoi tu as la complaisance de la pleurer avec lui ; mais il faut que tout cela finisse.

M. D'ERVIÈRE.

Tu ne crois donc pas qu'il la regrette sincèrement ?

M. D'ORBEL.

Je ne sais pas ce que je crois là-dessus.

M. D'ERVIÈRE.

Tiens, lis le billet qu'il m'écrit.

M. D'ORBEL, *lisant.*

Ah, il va venir ici ?

M. D'ERVIÈRE.

Oui, je l'attends.

M. D'ORBEL.

Hé bien, veux-tu parier que je le fais rire ?

M. D'ERVIÈRE.

Je ne crois pas celui-là.

M. D'ORBEL.

Tu le verras, je veux t'en donner le plaisir.

M. D'ERVIÈRE.

Paix donc, j'entends quelqu'un.

M. D'ORBEL.

C'est peut-être lui. Justement ; tu vas voir.

SCÈNE II.

M. D'ERVIÈRE, M. D'ORBEL, M. DE GRAND-PRÉ, en habit noir et en pleureuses, avec un mouchoir.

M. DE GRAND-PRÉ, *s'arrête en entrant et tient son mouchoir sur ses yeux.*

Ah, mon ami !

M. D'ORBEL.

Mon cher Grand-Pré, votre douleur est juste ; et je viens aussi pleurer avec vous.

M. DE GRAND-PRÉ, *se jetant dans un fauteuil.*

Mes amis, j'ai tout perdu !

M. D'ORBEL.

Il est vrai qu'il n'y a pas une autre femme comme celle-là.

M. DE GRAND-PRÉ.

D'Ervière le sait bien ; il la connaissait comme moi : il passait sa vie avec elle ; mon ami, nous ne la verrons plus ! *Il pleure.*

M. D'ERVIÈRE.

Que de grâces, que d'esprit, que de gaieté !

M. D'ORBEL.

Et elle était vraie sa gaieté ; elle riait de l'âme ; ce n'était pas une grimace ; ce n'était pas parce que le rire lui seyait bien.

M. DE GRAND-PRÉ.

Oh, elle n'y pensait seulement pas.

M. D'ORBEL.

Je me souviendrai toute ma vie de l'histoire de cet Abbé.

M. DE GRAND-PRÉ.

À Vincennes ?

M. D'ORBEL, *riant.*

Oui.

M. DE GRAND-PRÉ.

D'Ervière y était ; il doit s'en souvenir.

M. D'ERVIÈRE.

Si je m'en souviens ! je ne l'oublierai jamais.

M. D'ORBEL, *riant.*

Quand je pense encore, comme l'Abbé donna dans le panneau. Ah, ah, ah, comme il croyait… Ah, ah, ah, je n'ai rien vu de si plaisant, ah, ah, ah !

M. DE GRAND-PRÉ.

Comme elle l'avait amené par degré à croire que…

M. D'ORBEL.

A croire, ah, ah, ah, ah, ah.

M. D'ERVIÈRE.

Oui, à croire ; c'est vrai cela, ah, ah, ah.

ENSEMBLE, *riant tous trois à l'excès.*

Ah, ah, ah, ah, etc.

M. D'ORBEL.

Ah, je n'en puis plus !

M. DE GRAND-PRÉ, *finissant de rire.*

Ah, ah, ah.

M. D'ORBEL.

Mon ami, tu as fait là une perte irréparable.

M. DE GRAND-PRÉ, *pleurant.*

Ah, je le sais bien ! *retombant dans son fauteuil.*

M. D'ORBEL.

Tu ne dois jamais t'en consoler.

M. DE GRAND-PRÉ.

Moi, moi, m'en consoler ! Je me regarderais comme un lâche, si j'en avais la pensée ; d'Ervière le sait bien ; oui, mon cher d'Ervière, je veux que nous la pleurions toujours ensemble ; il n'y a plus d'autre douceur pour moi. Me le promets-tu ? *Il pleure.*

M. D'ERVIÈRE.

Ah, si je te le promets ! assurément.

M. DE GRAND-PRÉ.

Je ne te quitterai plus.

M. D'ERVIÈRE.

Ah ! tant que tu voudras !

M. D'ORBEL.

Tout ce que je me rappelle d'elle, augmente mes regrets. Que de talents !

M. DE GRAND-PRÉ.

Ah, qui en pourrait avoir davantage ! *Pleurant.*

M. D'ERVIÈRE.

Comme elle peignait !

M. DE GRAND-PRÉ.

Comme elle jouait la comédie !

M. D'ORBEL.

Comme elle chantait dans les opéras comiques !

M. DE GRAND-PRÉ.

Le Français, l'Italien !

M. D'ERVIÈRE.

Les duos, les duos !

M. DE GRAND-PRÉ.

Tout, tout ce qu'elle voulait.

M. D'ORBEL.

Dans *Ninette à la Cour*[8], cet air que j'aimais tant !

M. DE GRAND-PRÉ.

Lequel ?

M. D'ORBEL.

Hé, mon dieu ! tu sais bien ce que je veux dire, toi, d'Ervière ?

M. D'ERVIÈRE.

Lequel donc ?

M. D'ORBEL.

Et celui qu'il chantait aussi, Grand-Pré ; où il la contrefaisait si bien, que nous croyions que c'était elle.

M. DE GRAND-PRÉ.

Ah ! *Viens, espoir enchanteur*[9] ?

---

[8] *Ninette à la cour ou Le Caprice amoureux* de Charles-Simon Favart, comédie en trois actes et en vers, mêlée d'ariettes, créée en 1755 au Théâtre-Italien.

[9] L'ariette que vont chanter les personnages est chantée dans la pièce par Clarice, Acte II, sc. 6 : « Viens, espoir enchanteur, / Viens consoler mon cœur. / D'un sort plein de douceur, / Peins-moi l'image. / Viens, espoir enchanteur, / Viens consoler mon cœur. / Promets-moi le bonheur / D'enchaîner mon vainqueur, /

M. D'ORBEL.

Oui, c'est cela.

M. D'ERVIÈRE.

Je m'en souviens.

M. D'ORBEL.

Comment donc est cet air-là. Ah, je crois que le voici. *Il chante faux.*

Viens, espoir enchanteur,
Viens consoler mon cœur.

M. DE GRAND-PRÉ.

Ah, mon Dieu ! qu'elle ne chantait pas comme cela ; je m'en vais vous dire ; cet air-là m'a toujours tourné la tête, chanté par elle ; voilà pourquoi je l'ai appris. *Il chante en femme.*

Viens, espoir enchanteur,
Viens consoler mon cœur.
D'un sort plein de douceur,
Peins-moi l'image.

M. D'ORBEL.

Il y avait une tenue[10], il y avait une tenue.

M. DE GRAND-PRÉ.

La voici.

Viens…

M. D'ORBEL.

C'est cela même.

De fixer son ardeur / Trop volage. / Viens me tracer l'image / Du plus fidèle hommage / Espoir flatteur / Viens consoler mon cœur. »

[10] *Tenue* : Quand une partie demeure quelque temps sur une même note, pendant que les autres en changent (*Acad.* 1762).

M. DE GRAND-PRÉ.

Viens consoler mon cœur,
Viens consoler mon cœur ;
Promets-moi le bonheur
D'enchaîner mon vainqueur,
De fixer son ardeur
Trop volage.

M. D'ORBEL.

Le volage est plus long que cela.

M. DE GRAND-PRÉ.

Attends donc.

Trop vola…ge,
Trop volage,
Viens…
Viens me tracer l'image
Du plus fidèle hommage…

M. D'ERVIÈRE.

C'est comme si on l'entendait.

M. DE GRAND-PRÉ.

Promets-moi l'avantage,
Promets-moi l'avantage,
De fixer un vola…ge.

M. D'ORBEL.

Plus long encore.

M. DE GRAND-PRÉ,
faisant signe de la main de se taire.

De fixer un vola…ge.

M. D'ORBEL.

Fort bien, fort bien !

M. DE GRAND-PRÉ.

Et puis :

Espoir flatteur,
Viens consoler mon cœur.
Espoir flatteur,
Viens consoler mon cœur.

M. D'ORBEL.

Bravo, bravo !

M. DE GRAND-PRÉ.

Paix donc.

Viens consoler… mon cœur.

M. D'ORBEL.

Il n'y a rien, rien au monde, qui puisse tenir lieu d'une femme comme celle-là.

M. DE GRAND-PRÉ, *retombant dans le fauteuil.*

Non, non, mes amis, il n'y a rien, rien, ah !

M. D'ORBEL.

Allons, allons, mon cher Grand-Pré, il faut se faire une raison.

M. DE GRAND-PRÉ.

Hé, je serais trop heureux de l'avoir perdue la raison ?

M. D'ORBEL.

Mais si elle en avait aimé un autre que toi ; ne serais-tu pas encore plus à plaindre ?

M. DE GRAND-PRÉ.

Un autre que moi ! Un autre ! Ah, d'Ervière le sait bien, si elle en a aimé un autre ; il est là pour le dire. Hélas, la pauvre femme !

M. D'ERVIÈRE.

Allons, allons, ne parlons pas de cela.

M. D'ORBEL.

Mais pourquoi ? Tout ce qui occupe la douleur, la console.

M. DE GRAND-PRÉ.

La console ! Est-ce moi que l'on croit qui peut se consoler ?

M. D'ERVIÈRE.

Non, mon ami, non, non ; nous ne le croyons pas.

M. DE GRAND-PRÉ.

Et pourquoi donc le dire ?

M. D'ORBEL.

Je disais qu'en la rappelant, ainsi que ses talents, c'est occuper la douleur…

M. DE GRAND-PRÉ.

Ah, avec ses talents, il y en aura pour longtemps.

M. D'ORBEL.

Un de ses talents supérieurs, c'était celui de contrefaire tout le monde.

M. DE GRAND-PRÉ.

Comme si on le voyait, tout le monde.

M. D'ORBEL.

Il n'y avait personne dont elle n'imitât la danse, par exemple.

M. DE GRAND-PRÉ.

Personne, non personne.

M. D'ORBEL.

Dans les Allemandes[11] surtout, Madame de Mirecourt. D'Ervière, donne-moi la main. *Ils dansent.*

M. DE GRAND-PRÉ.

Non, non, ce n'est pas comme cela.

M. D'ORBEL.

Je te dis que si, la tête penchée, la ceinture en avant.

M. DE GRAND-PRÉ.

Non, te dis-je, ôtes-toi. Viens, d'Evière ; d'Orbel, je vais te montrer. *Ils dansent et chantent.*

M. D'ORBEL.

Oui, c'est vrai ; c'est comme cela ; mais quand elle dansait avec toi, Grand-Pré ?

M. DE GRAND-PRÉ.

Ah, tu vas voir. *Il chante et il danse très vivement avec M. d'Ervière.*

M. D'ORBEL.

Ah, mon ami, tu as raison ; tu dois pleurer cette femme-là toute la vie.

M. DE GRAND-PRÉ,

se remettant dans le fauteuil et pleurant.

Je n'ai pas d'autre projet mes amis ; je puis bien vous en assurer ; ce que j'ai perdu ne se retrouve pas une seconde fois ; ah !

---

11 *Allemande* : « Pièce de musique qu'on a prise des Allemands, et dont la mesure est à quatre temps. *Jouer une belle Allemande sur le luth, sur le clavecin. Danser une Allemande* (*Acad.* 1762).

M. D'ORBEL.

C'était par amour que tu l'avais épousée, je crois.

M. DE GRAND-PRÉ.

Oui, par amour ; mais c'est la première fois qu'on avait vu l'amour et la raison d'accord à ce point-là.

M. D'ORBEL.

C'est au spectacle que tu en devins amoureux, je crois ?

M. DE GRAND-PRÉ.

À l'Opéra.

M. D'ORBEL.

À l'Opéra ?

M. DE GRAND-PRÉ.

Hélas, oui.

M. D'ORBEL.

C'est une chose cruelle, que le grand deuil empêche d'aller au spectacle.

M. DE GRAND-PRÉ.

Pourquoi cela ? Il ne peut plus m'intéresser.

M. D'ORBEL.

Sans doute ; mais revoir des lieux chéris, par ce qu'on a autant aimé.

M. DE GRAND-PRÉ.

Il est vrai que c'est une douceur de moins ; mais le spectacle ne me fera plus rien.

M. D'ORBEL.

Je le crois bien. Cependant, pensant comme toi, j'aimerais à revoir sa petite loge, à m'asseoir à la place qu'elle occupait.

M. DE GRAND-PRÉ.

Sûrement, ce serait une sorte de consolation ; mais cela n'est pas possible !

M. D'ORBEL.

Je ne sais pas.

M. DE GRAND-PRÉ.

Que dirait-on de moi ?

M. D'ERVIÈRE.

Quelle idée ! En vérité, d'Orbel, pourquoi lui donner de nouveaux regrets ?

M. D'ORBEL.

Au contraire, et il me vient une idée…

M. D'ERVIÈRE.

Comment ?

M. D'ORBEL.

Oui, il faut absolument l'exécuter tout-à-l'heure[12].

M. D'ERVIÈRE.

Qu'est-ce que c'est ?

M. D'ORBEL.

Allons, Grand-Pré, viens avec nous.

M. DE GRAND-PRÉ.

Où cela ?

---

[12] Tout de suite.

M. D'ORBEL.

Au Bal de l'Opéra ; personne n'en saura rien ; je vais te donner un domino[13] ; nous nous masquerons tous les trois ; et nous n'emmènerons pas nos gens.

M. DE GRAND-PRÉ.

Mais…

M. D'ORBEL.

Point de résistance. *Le faisant lever.* Le motif est louable.

M. DE GRAND-PRÉ.

En vérité…

M. D'ORBEL.

Il n'y a pas à délibérer.

M. DE GRAND-PRÉ.

Vous êtes mes amis…

M. D'ORBEL.

Sans doute, partons.

M. DE GRAND-PRÉ.

Allons, puisque vous le voulez ; mais vous me répondez du plus grand secret ?

M. D'ORBEL.

Oui, oui.

---

[13] Dérivé du camail noir porté par les ecclésiastiques durant l'hiver, le domino est une robe ouverte descendant jusqu'aux talons avec un capuchon utilisé pour les bals masqués. Ce vêtement, ainsi que l'absence de domestiques (« nous n'emmènerons pas nos gens »), garantissent l'anonymat des trois hommes.

Monsieur d'Orbel et Monsieur d'Ervière l'emmènent en le faisant marcher devant eux, et en riant derrière lui.

Fin du trente-deuxième Proverbe.

Explication du Proverbe :

32. Il n'y a point d'éternelles douleurs.

LE DISTRAIT

Trente-troisième proverbe[1]

Édition de Sylvain Ledda

[1] Dans l'édition Merlin de 1768, tome second, troisième.

NOTICE

Le Distrait de Jean-François Regnard (1697) constitue le modèle tutélaire de l'étourdi au théâtre. Cette comédie en cinq actes a en effet connu un succès ininterrompu jusqu'au milieu du XXe siècle, régulièrement représentée à la Comédie-Française. Mais contrairement à Regnard qui utilise les ressorts d'une comédie classique, Carmontelle explore une nouvelle fois les limites du langage et pousse les aléas du dialogue soumis aux tempéraments des personnages jusqu'à l'extrême. Prenant prétexte d'un type de caractère bien connu de la comédie, l'étourdi, Carmontelle imagine deux situations : une première qui confronte l'inattentif Marquis au pragmatique chevalier ; une seconde qui redouble l'effet comique dans la mesure où la Comtesse est tout aussi étourdie que son prétendant. Dans ce contexte, l'enjeu matrimonial d'une comédie classique prend les couleurs de l'absurde. Comment communiquer sur l'essentiel quand les personnages sont de véritables girouettes ? Incapables de suivre leur pensée, de se souvenir de ce qu'ils disent et de ce qu'ils font, les personnages sont enfermés dans leur propre discours, sans pour autant que la situation ne verse dans le dramatique. Carmontelle maintient le comique sur un fil, en accordant à la distraction la bonhommie des caractères. Ce proverbe illustre en effet l'art du dramaturge, qui combine une situation paradoxale aux usages du monde. Poussée à son paroxysme, la distraction se mue en divertissement et détourne, au sens propre, les personnages des réalités. Camille Chollet propose une lecture pessimiste de ce proverbe ; elle y voit un « dialogue dysfonctionnel [qui] met en scène une parole qui s'essouffle, [dont] l'intérêt ne réside plus alors dans le dialogue lui-même, mais dans ses failles[2]. » Oubliant les objets les plus sérieux (le mariage), les personnages ne parlent finalement que de superfluités. « La parole ne semble plus parvenir à dire l'amour, précise Camille Chollet, dans la bouche de deux êtres qui apparaissent comme des coquilles vides, asséchés qu'ils sont par la dissipation et l'égoïsme. »

Le Distrait est l'un des proverbes plus connus de Carmontelle, notamment parce qu'Alfred de Musset en a fourni une adaptation assez fidèle, jouée dans une matinée privée le 3 mai 1849, puis à la Comédie-Française le 30 mai sous le titre d'*On ne saurait penser à tout.* La pièce figure dans le recueil illustré de 103 dessins aquarellés par Carmontelle, conservé au Musée Condé de Chantilly[3].

S.L.

---

[2] Camille Chollet, « Carmontelle, un théâtre du dérisoire », *Journée des doctorants 2016*, organisée par Guillaume Cousin et Sophia Mehrbrey à l'Université de Rouen le 18 mai 2016 © *Publications numériques du CÉRÉdI*, « Séminaires de recherche », n° 10, 2016. URL : http://publis-shs.univrouen.fr/ceredi/index.php?id=246.

[3] Numéro d'inventaire DE 1171-33. Autre numéro : Ms 394.

PERSONNAGES.

LA COMTESSE DE BELLEROCHE. *Bien mise.*

LE MARQUIS DE MARIÉRE. *Habit brodé, perruque à la Brigadière*[4], *canne et épée.*

LE CHEVALIER DE SAINT-LÉGER. *Bien mis.*

VICTOIRE, *Femme de Chambre de la Comtesse.*

LE BLOND, *Valet de Chambre de la Comtesse.*

[4] La perruque « à la brigadière » ou « à nœuds » se compose de trois mèches de cheveux attachées par un nœud ; cette perruque fut adoptée par les militaires durant la guerre de la Succession d'Espagne (1702-1714) puis ensuite par les civils.

La Scène est chez la Comtesse.

SCÈNE PREMIÈRE.

LE MARQUIS, LE CHEVALIER.

LE CHEVALIER,

entre en suivant le Marquis, qui se promène.

Mais, Marquis, dites-moi donc pourquoi vous dites que vous voulez vous promener aux Tuileries, et que vous me faites entrer ici ?

LE MARQUIS.

Est-ce que la promenade ne vous semble pas belle ?

LE CHEVALIER.

Comment, la promenade ?

LE MARQUIS.

Oui, il est vrai qu'il n'y fait pas beaucoup d'air.

LE CHEVALIER.

Pourquoi de l'air, ici ? Toutes les fenêtres sont fermées.

LE MARQUIS.

Qu'est-ce que vous parlez de fenêtres, dans un jardin ?

LE CHEVALIER.

Nous sommes dans un jardin ?

LE MARQUIS.

Mais… c'est que je croyais… bon ! *Il regarde autour de lui.* Vous me distrayez aussi.

LE CHEVALIER.

Vous n'en avez pas besoin, je vous assure ; mais pourvu que vous m'écoutiez, soit ici, soit ailleurs ; c'est égal.

LE MARQUIS.

Si vous avez à me parler, il faut le dire.

LE CHEVALIER.

Je vous l'ai déjà dit ; vous m'avez répondu ; hé bien, allons aux Tuileries, nous causerons plus tranquillement.

LE MARQUIS.

C'est vrai ; c'est que j'ai changé d'idée en chemin. Mais voyons à présent, je ne perds pas de vue mon projet.

LE CHEVALIER.

Si vous avez un projet différent du mien, et qu'il soit meilleur, j'en profiterai avec grand plaisir ; ce sera même une marque d'amitié de votre part, à laquelle je serai on ne peut pas plus sensible : voyons, je vous écoute.

LE MARQUIS.

Si vous le savez, il est inutile de vous le redire ; mais je ne vois pas de meilleur parti à prendre dans ce cas-là, que le mariage.

LE CHEVALIER.

Comment, le mariage ! au lieu d'une Compagnie de Cavalerie ?

LE MARQUIS.

Je ne veux pas de Compagnie de Cavalerie !

LE CHEVALIER.

Pourquoi donc ?

LE MARQUIS.

Mais songez que je suis Officier-Général.

LE CHEVALIER.

Ce n'est pas pour vous ; comment voulez-vous que j'imagine…

LE MARQUIS.

Je le croyais.

LE CHEVALIER.

C'est pour moi.

LE MARQUIS.

Ah, vous voulez avoir une Compagnie de Cavalerie ?

LE CHEVALIER.

Oui ; j'ai déjà eu l'honneur de vous en parler plusieurs fois.

LE MARQUIS.

Oui, oui, je me le rappelle.

LE CHEVALIER.

Si vous voulez me faire avoir la promesse de la première qui viendra à vaquer, mon argent est tout prêt ; mais il faut en parler sans perdre de temps.

LE MARQUIS.

Je ne suis venu ici que pour cela.

LE CHEVALIER.

Réellement ?

LE MARQUIS.

Oui, et si la Comtesse y consent, ce sera une affaire bientôt finie.

LE CHEVALIER.

Est-ce qu'elle connaît quelque Capitaine qui veuille quitter.

LE MARQUIS.

Quoi quitter ?

LE CHEVALIER.

Le service.

LE MARQUIS.

Ah ! c'est que vous me parlez toujours de votre Compagnie.

LE CHEVALIER.

Hé, oui, vraiment.

LE MARQUIS.

C'est que je confondais.

LE CHEVALIER.

Vous me promettez donc de suivre cette affaire ?

LE MARQUIS.

Je vous en réponds.

LE CHEVALIER.

Il faut solliciter vivement.

LE MARQUIS.

Ne vous mettez pas en peine. Je sais comme il faut s'y prendre vis-à-vis de ces Messieurs. Je me ferai écrire partout ; il faut seulement que je sache le nom de votre Rapporteur, et j'irai moi-même…

LE CHEVALIER.

Mais je n'ai point de Rapporteur ; que voulez-vous donc dire ?

LE MARQUIS.

Si vous n'avez pas encore de Rapporteur, il n'est pas temps de solliciter vos Juges.

LE CHEVALIER.

Mes Juges ! à propos de quoi ?

LE MARQUIS.

Pour votre procès.

LE CHEVALIER.

Mais je n'ai point de procès.

LE MARQUIS.

Comment, ne m'avez-vous pas dit que vous voudriez que votre procès fût jugé avant votre départ pour la campagne ?

LE CHEVALIER.

Hé non, je vous ai toujours parlé d'une Compagnie de Cavalerie que je veux avoir.

LE MARQUIS.

Ah. oui, c'est vrai ; campagne, Compagnie ; c'est apparemment parce que ces deux mots se ressemblent, que j'ai brouillé tout cela.

LE CHEVALIER.

Oui ; car je ne vous ai point parlé de procès.

LE MARQUIS.

Vous avez raison ; c'est la Comtesse qui en a un, et que je me suis chargé de suivre. C'est une femme charmante !

LE CHEVALIER.

Je la connais.

LE MARQUIS.

Hé bien, que dites-vous de cette affaire-là ? Ne fais-je pas bien ?

LE CHEVALIER.

Quelle affaire ?

LE MARQUIS.

Est-ce que je ne vous ai pas dit que je l'épousais ?

LE CHEVALIER.

Non, vraiment.

LE MARQUIS.

Cela me donne beaucoup d'affaires, comme vous voyez.

LE CHEVALIER.

Et quand sera-ce ?

LE MARQUIS.

Mais je ne sais pas encore ; car voilà plusieurs fois que je viens ici pour lui en parler, et je ne sais comment cela se fait, je l'oublie toujours ; mais cette fois-ci, j'ai mis un papier dans ma boëte[5] pour m'en souvenir.

LE CHEVALIER.

Cela fait un mariage bien avancé.

LE MARQUIS.

Je ne sais pas si elle y consentira ; car il est difficile de la fixer longtemps sur le même objet. Quand vous lui parlez, elle semble vous écouter ; et elle est à cent lieues de-là.

LE CHEVALIER.

Elle est peut-être distraite ?

[5] Forme archaïque de « boîte ».

LE MARQUIS.

Oui, elle est distraite ; c'est insupportable cela.

LE CHEVALIER.

Oh, je vous en réponds !

LE MARQUIS.

Elle est comme le Vicomte de Montfort, qui a marié sa fille le mois passé ; hé bien, je n'aime pas ce mariage-là ; je les ai vus à l'Opéra ; c'est le plus pauvre Opéra, il finit de bonne heure, on ne peut pas se promener ; mais pour cela, il n'y a que la campagne. Vous voyez bien que je ne me trompe pas de mot cette fois-ci, et que je n'ai pas dit Compagnie pour campagne.

LE CHEVALIER.

Non, non ; mais j'attendrai que votre mariage soit fait, pour penser à mon affaire.

LE MARQUIS.

Oui, vous ferez bien ; parce que ce mariage, le procès de la Comtesse, tout cela m'occupe beaucoup ; on a mille lettres à répondre ; elle veut que je lise un roman nouveau ; tout cela ne peut pas s'accorder ensemble ; vous en conviendrez bien.

LE CHEVALIER.

Sûrement. Je vous laisse.

LE MARQUIS.

Pourquoi ? nous irions à l'Opéra ensemble.

LE CHEVALIER.

Mais, vous oubliez votre mariage.

LE MARQUIS.

Oui, c'est vrai ; cette diable d'affaire-là me tourne la tête ; je n'y pense jamais. Je ne vous reconduis pas.

LE CHEVALIER, *s'en allant.*

Hé, non, non. Vous vous moquez de moi.

SCÈNE II.

LE MARQUIS, LE BLOND.

LE MARQUIS.

Holà, ho, quelqu'un.

LE BLOND.

Qu'est-ce que veut Monsieur le Marquis ?

LE MARQUIS.

Allons, donne-moi ma robe de chambre et mes pantoufles ; je veux me lever.

LE BLOND.

Vous badinez, Monsieur le Marquis.

LE MARQUIS.

Ah !... oui, oui.

LE BLOND.

On a dit à Madame la Comtesse, que vous étiez ici ; et elle va venir.

LE MARQUIS.

Pourquoi cela ? Je m'en vais faire mettre mes chevaux, et j'irai chez elle.

LE BLOND.

Mais, Monsieur, vous y êtes chez elle.

LE MARQUIS.

Tu as raison ; c'est que je pensais...

LE BLOND.

Monsieur, voilà Madame.

SCÈNE III.

LA COMTESSE, VICTOIRE, LE MARQUIS, LE BLOND.

LA COMTESSE.

Le Blond, dites à Victoire de venir.

LE BLOND.

La voilà. Madame.

LA COMTESSE.

C'est bon. Monsieur le Marquis, je suis enchantée de vous voir ; vous avez été hier de la distraction la plus divertissante du monde ; je vous aime à la folie comme cela.

LE MARQUIS.

Ce n'est pas là le moyen de m'en corriger, Madame. Au contraire ; cependant, comme on dit souvent, les contraires se rapprochent quelquefois.

LA COMTESSE.

Mademoiselle, je veux absolument avoir ma robe.

VICTOIRE.

Oui, Madame.

LA COMTESSE.

Donnez-moi du rouge. *Elle s'assied à sa toilette.* Asseyez-vous donc, Marquis.

LE MARQUIS.

Mais vous ne m'écoutez pas, Madame.

LA COMTESSE.

Pardonnez-moi, pardonnez-moi. Ne parlez-vous pas des contraires ?

LE MARQUIS.

Des contraires ?

LA COMTESSE.

Oui, vous avez dit quelque choses des contraires.

LE MARQUIS.

Des contraires ? N'est-ce pas des contrats, plutôt ?

LA COMTESSE.

Cela peut bien être.

LE MARQUIS.

Vraiment, c'est que cela est vrai ; je ne l'oublierai pas cette fois-ci.

LA COMTESSE.

Le Blond ?

LE BLOND.

Madame ?

LA COMTESSE.

Je ne fais plus ce que je voulais dire, avec vos contrats.

LE MARQUIS.

Ah, je vous le dirai, moi ; quand vous voudrez m'entendre.

LA COMTESSE.

Je vous entends toujours avec plaisir.

LE MARQUIS.

Aurez-vous du monde, aujourd'hui ?

LA COMTESSE.

Non, si vous voulez. C'est même ce que je voulais dire. Le Blond, qu'on ne me laisse entrer personne.

VICTOIRE.

Je m'en vais le dire, Madame.

LE MARQUIS.

Je vous suis obligé ; parce que j'ai à vous parler très sérieusement.

LA COMTESSE, *à le Blond.*

Ma belle-sœur, pourtant.

VICTOIRE.

Oui, Madame.

LA COMTESSE.

Elle raffole de vous, Marquis.

LE MARQUIS.

Moi, je la trouve charmante ! il y a des femmes comme cela, qui vous séduisent dès le premier moment qu'on les voit.

LA COMTESSE.

Victoire, dites à le Blond, qu'on laisse entrer aussi le Baron.

VICTOIRE.

Est-ce là tout ?

LE MARQUIS.

Ah, Madame, le Vicomte aussi, je vous en prie.

LA COMTESSE.

Le Vicomte ? Hé bien, oui, le Vicomte ; je le veux bien.

VICTOIRE.

Je m'en vais le dire.

LA COMTESSE.

Attendez. La liste d'hier.

VICTOIRE.

Mais, Madame a laissé entrer tout le monde.

LA COMTESSE.

Vous le croyez ?

VICTOIRE.

J'en suis sûre.

LA COMTESSE.

Hé bien, en ce cas-là tout le monde.

VICTOIRE.

Madame aura-t-elle besoin de moi ?

LA COMTESSE.

Non, non. Cependant ne vous éloignez pas.

SCÈNE IV.

LA COMTESSE, LE MARQUIS.

LE MARQUIS.

Vous aimez beaucoup le monde, Madame.

LA COMTESSE.

Sans doute ; je ne connais que cela. Vous savez comme mon mari m'a rendu malheureuse, pendant trois ans, qu'il m'a tenue renfermée avec lui, dans une de ses terres ?

LE MARQUIS.

Dans une de ses terres ?

LA COMTESSE.

Oui vraiment ; être trois ans, même pendant l'hiver à la campagne !

LE MARQUIS.

À la campagne ?

LA COMTESSE.

Oui.

LE MARQUIS.

Cela me fait souvenir d'une Compagnie de Cavalerie que le Chevalier de Saint-Léger veut avoir.

LA COMTESSE.

Est-ce qu'il est à Paris, le Chevalier ?

LE MARQUIS.

Oui, Madame, il est arrivé avant hier, le jour de ce grand orage ; c'est là ce qui a dérangé le temps, sûrement.

LA COMTESSE.

J'en suis très fâchée, car il ne peut pas y avoir de Tuileries aujourd'hui ; et je les aime beaucoup.

LE MARQUIS.

Aimez-vous aussi les truites, Madame ?

LA COMTESSE.

Comment, les truites ?

LE MARQUIS.

Oui, j'en ai mangé à Genève ; c'est excellent.

LA COMTESSE, *riant.*

Ah, ah, ah, Marquis, vous êtes délicieux !

LE MARQUIS.

Oui, c'est délicieux ; c'est ce que je disais ; il vous a fait bien rire hier, n'est-ce pas ?

LA COMTESSE.

Comment, qui ?

LE MARQUIS.

Le Vicomte ; n'est-ce pas de lui que vous me parliez ?

LA COMTESSE, *riant.*

Ah, ah, ah, ah. À merveilles !

LE MARQUIS.

Je le croyais. Je me trompe quelquefois ; et c'est insupportable.

LA COMTESSE, *riant.*

Non, non ; je vous trouve charmant comme cela. Ah, je n'en puis plus. *Elle cherche quelque chose.*

LE MARQUIS.

Qu'est-ce que vous voulez ? Du tabac ? J'en ai de bon.

LA COMTESSE.

Oui, donnez ?

LE MARQUIS, *donnant du tabac.*

Ah, j'oubliais bien !

LA COMTESSE.

Quoi ?

LE MARQUIS.

Vous voyez bien ce papier-là, devinez ?

LA COMTESSE.

Je ne sais pas deviner ; dites-moi tout de suite.

LE MARQUIS.

C'est que si vous voulez vous remarier…

LA COMTESSE, *cherchant sur sa toilette.*

Hé bien, avec qui ?

LE MARQUIS.

Qu'est-ce que vous cherchez encore ?

LA COMTESSE, *cherchant.*

Parlez, parlez toujours.

LE MARQUIS.

Vous seriez la plus heureuse femme du monde, avec moi.

LA COMTESSE, *cherchant toujours.*

Avec vous ?

LE MARQUIS.

Oh, sûrement.

LA COMTESSE, *cherchant.*

Je ne le trouve pas ; c'est inconcevable !

LE MARQUIS.

Qu'est-ce que vous cherchez donc là ?

LA COMTESSE.

Un papier que j'avais tout à l'heure.

LE MARQUIS.

Est-ce une chose de conséquence ?

LA COMTESSE.

Oui, et non. C'est une chanson.

LE MARQUIS.

J'en ai un recueil ; si vous voulez, je vous le prêterai ; il est très complet depuis 1650.

LA COMTESSE.

C'est une chanson nouvelle.

LE MARQUIS.

Il y en a beaucoup dedans.

LA COMTESSE.

Des chansons nouvelles ?

LE MARQUIS.

Oui, pour ce temps-là.

LA COMTESSE, *riant.*

De 1650. Ah, ah, ah, ah : vous êtes toujours le même !

LE MARQUIS.

Oui, je suis constant ; cela ne réussit pas toujours, comme vous savez, avec les femmes.

LA COMTESSE.

Est-ce que vous avez à vous plaindre des femmes, vous, Marquis ?

LE MARQUIS.

Pourquoi pas ? À propos de constance, vous souvenez-vous de cet air-là, que chante un Berger, dans cet Opéra qu'on nous a donné ?...

LA COMTESSE.

Silvie[6] ?

LE MARQUIS.

Oui, *Silvie. Il chante.*

» J'aimerais mieux cent fois, perdre tous mes plaisirs,
» Que de les payer de vos larmes[7].

LA COMTESSE.

Vous chantez à ravir !

SCÈNE V.

LA COMTESSE, LE MARQUIS, LE BLOND.

LE BLOND.

Madame, vos chevaux sont mis.

LA COMTESSE.

C'est bon.

LE MARQUIS.

Est-ce que vous allez sortir ?

LA COMTESSE.

Oui, je m'en vais à la Comédie Italienne.

LE MARQUIS.

Je ne veux pas vous retenir plus longtemps.

LA COMTESSE.

Ne venez-vous pas avec moi ?

---

[6] *Silvie* est un opéra en trois actes de Le Berton, Trial et Laujon, représenté devant à Fontainebleau le 17 Octobre 1765, puis par l'Académie royale de Musique le 18 Novembre 1766.

[7] Air chanté au premier acte de *Silvie* par Amintas.

LE MARQUIS.

Non, je ne sortirai pas aujourd'hui ; j'attends quelqu'un à qui j'ai à parler d'affaires.

LA COMTESSE.

Ici ?

LE MARQUIS.

Oui. Et à propos ; c'est à vous.

LA COMTESSE.

À moi ?

LE MARQUIS.

Oui ; mais ne vous l'ai-je pas dit donc ?

LA COMTESSE.

Quoi ?

LE MARQUIS.

Que j'avais la plus grande envie de vous épouser.

LA COMTESSE.

Je ne sais pas. Quand ?

LE MARQUIS.

Aujourd'hui. Je ne suis venu ici, que pour cela.

LA COMTESSE.

Je ne m'en souviens pas.

LE MARQUIS.

Mais, à quoi donc pensez-vous ? Il me semble pourtant…

LA COMTESSE.

Dites.

LE MARQUIS.

Que je vous ai chanté un air de *Silvie.*

LA COMTESSE.

Venez, venez à la Comédie ; vous en apprendrez d'autres.

LE MARQUIS.

C'est vrai, cela ; car j'aime la musique, et je retiens tous les airs.

LA COMTESSE.

Le Blond, cherchez une chanson qui était sur ma toilette.

LE BLOND.

Oui, Madame.

LA COMTESSE, *au Marquis,*
qui s'en va par une autre porte que celle par où on sort.

Où allez-vous donc, Marquis ?

LE MARQUIS.

Ah, c'est que je croyais être chez moi ; et j'allais… Je vous demande bien pardon.

LA COMTESSE.

Allons, allons-nous-en.

Fin du trente-troisième Proverbe.

Explication du Proverbe :

33. L'on ne saurait penser à tout.

L'OFFICIER DU GOBELET

CINQUANTE-SEPTIÈME PROVERBE[1]

Édition de Sylvain Ledda

[1] Dans l'édition Lejay de 1774, volume quatre.

NOTICE

Comme son titre l'indique, *L'Officier du Gobelet* prend prétexte d'une tradition bien établie à la cour de France, celle des usages quotidiens de la Maison du roi. Parmi les sept offices que compte la Maison-Bouche du roi, le « Gobelet » est chargé des boissons et rafraîchissements du monarque et de la famille royale. Les officiers du Gobelet se divisent eux-mêmes en deux corps, douze chefs, des aides et des gardes. Tous ont une mission bien précise : la « panneterie-Bouche » est chargée de mettre le couvert, d'apporter le sel, le pain et les fruits ; l'échansonnier-Bouche a pour mission de servir les boissons et les rafraîchissements. Le service du « Gobelet du roi » a donc pour vocation de présenter les boissons fraîches au roi, les alcools, les glaces et les sorbets. Il s'agit d'une charge prisée, honorifique, car elle implique de côtoyer le roi. Loin de mettre en scène les usages de la cour, le proverbe décrit la course aux charges, la manière dont on aspire à trouver une place honorable. À partir de cette donne qu'il tourne en dérision, Carmontelle explore la nature obsessionnelle et fantasque de certains individus, qui se matérialise par la répétition de la formule consacrée « À boire le roi ! ». On notera dans cette pièce l'art de Carmontelle de faire vivre l'action au-delà des paravents, c'est-à-dire hors-scène.

L'Officier du Gobelet fait partie des quelques proverbes de Carmontelle à avoir donné lieu à des représentations à la Comédie-Française. La pièce est créée en pleine Occupation, durant la saison 1942-1943 et connaît vingt-quatre représentations ; elle est donnée au sein d'un trio de proverbes qui comporte également *Le Sot et le Fripon*, *Renaud et Armide.* La mise en scène est signée Jean Debucourt. La distribution fournit quelques orientations relatives à la manière dont Carmontelle était perçu et compris. Notons d'abord que le rôle comique de M. de Flaveau est tenu par Maurice Chambreuil, distribué dans des emplois de pères noble et de confidents. Mais il excelle aussi dans les rôles comiques ; Chambreuil a notamment campé le fantoche Blazius d'*On ne badine pas avec l'amour* et le duc Farfelu du *Seigneur auteur* de Carmontelle[2]. Le rôle de M. de Saint-Brice, est confié à Jean Desailly, qui fait ses débuts à la Comédie-Française dans les rôles de jeune premier. Le contraste des emplois que suggère cette distribution correspond bien au décalage d'attitude des deux personnages, qui fait la saveur de ce proverbe.

La pièce figure dans le recueil illustré de 103 dessins aquarellés par Carmontelle, conservé au Musée Condé de Chantilly[3].

S.L.

---

[2] Voir dans ce volume, p. 122 et suiv.

[3] Numéro d'inventaire DE 1171-57. Autre numéro : Ms 394.

PERSONNAGES.

M. DE SAINT-BRICE, *Capitaine d'infanterie. En habit de ratine*[4], *moire-doré, boutons d'or, épée et chapeau.*

M. DU PARC, *Capitaine de Cavalerie. Habit de velours noir, veste d'or, épée et chapeau.*

M. DE PLAVEAU, *Bailli de Nogent et Officier du Gobelet. En robe de chambre, la veste pareille, de bien vieille étoffe, perruque à nœuds*[5].

MARIANNE, *Servante. Robe d'indienne, retroussée dans les poches, bonnet et tablier.*

La Scène est à Versailles, dans une auberge,
dans la chambre de M. de Saint-Brice.

---

[4] Étoffe de laine épaisse et chaude, dont le poil est tiré en dehors de manière à lui donner un aspect pelucheux ; ainsi ratinée, la laine rend le tissu résistant aux intempéries ; ce détail vestimentaire suggère que l'action se déroule en hiver.

[5] La perruque « à la brigadière » ou « à nœuds » se compose de trois mèches de cheveux attachées par un nœud ; cette perruque fut adoptée par les militaires durant la guerre de la Succession d'Espagne (1702-1714) puis ensuite par les civils.

SCÈNE PREMIÈRE.

M. DE SAINT-BRICE, M. DU PARC,
MARIANNE, *les éclairant.*

M. DU PARC.

C'est donc ici où tu loges ?

M. DE SAINT-BRICE.

Oui, pour deux ou trois jours, je ne suis pas mal.

M. DU PARC.

Tu es fort bien. Si je logeais à l'auberge, je logerais ici, à cause de cette belle enfant-là. *(Il prend Marianne par le bras, il veut l'embrasser.)*

MARIANNE.

Finissez, Monsieur.

M. DU PARC.

Comment ! tu fais la cruelle, je crois ?

MARIANNE.

Non, Monsieur ; mais c'est que je n'aime pas ces manières-là.

M. DU PARC.

Ah ! tu n'aimes pas ces manières-là. *(Il la poursuit, elle se défend et le repousse.)* Elle est plus forte que moi. Elle m'a déchiré mes manchettes.

MARIANNE.

J'en suis bien aise. Pourquoi badinez-vous, aussi ?

M. DU PARC.

Attends-moi.

MARIANNE, *s'en allant.*

Je ne vous crains pas. Monsieur, vous n'avez besoin de rien ?

M. DE SAINT-BRICE.

Non pas à présent.

MARIANNE.

S'il vous faut quelque chose, vous le direz.

SCÈNE II.

M. DE SAINT-BRICE, M. DU PARC.

M. DU PARC.

Pourquoi ne veux-tu pas venir souper chez Madame de Saint-Placide ? c'est une très bonne maison.

M. DE SAINT-BRICE.

Je le sais bien.

M. DU PARC.

Elle t'en a prié : et si tu reviens ici quelquefois, tu seras bien aise de la trouver.

M. DE SAINT-BRICE.

Si mon affaire se finit, je ne crois pas qu'on m'y revoie de sitôt.

M. DU PARC.

Oui ; mais il faut qu'elle se fasse.

M. DE SAINT-BRICE.

C'est pour cela que je veux faire mon mémoire, afin de le présenter demain.

M. DU PARC.

Tu trouverais, peut-être, chez Madame de Saint-Placide, des gens qui pourraient te servir.

M. DE SAINT-BRICE.

Qui ?

M. DU PARC.

Des premiers commis, il en vient beaucoup chez elle, et qui sont très honnêtes.

M. DE SAINT-BRICE.

Tu as raison, diable !

M. DU PARC.

Quand je te dis, allons ; viens, viens.

M. DE SAINT-BRICE.

Je veux faire mon mémoire avant, il est encore de bonne heure.

M. DU PARC.

Et qu'est-ce que c'est que ton affaire ?

M. DE SAINT-BRICE.

On m'a dit que j'aurais de la peine à l'obtenir.

M. DU PARC.

Il faut en parler à Madame de Saint-Placide.

M. DE SAINT-BRICE.

Si tu crois qu'elle puisse m'y servir, je ne demande pas mieux.

M. DU PARC.

Je te dis que c'est la meilleure femme du monde, et la plus obligeante.

M. DE SAINT-BRICE.

Voici de quoi il est question. J'ai passé l'hiver chez mon père, comme tu sais.

M. DU PARC.

Oui. Quel âge a-t-il ton père ?

M. DE SAINT-BRICE.

Soixante et quinze ; mais il se porte bien.

M. DU PARC.

Il faudrait demander la survivance de sa Lieutenance de Roi[6].

M. DE SAINT-BRICE.

C'est cela justement que je veux.

M. DU PARC.

Tu as raison.

M. DE SAINT-BRICE.

Tu connais Mademoiselle Adélaïde ?

M. DU PARC.

La fille de Madame de la Bellière, à Douai ?

M. DE SAINT-BRICE.

Eh ! non.

M. DU PARC.

Ah ! la fille de Monsieur des Foins, votre Major.

M. DE SAINT-BRICE.

Justement : elle est charmante !

---

[6] Depuis le règne de Louis XIV, la lieutenance de roi désigne un représentant local du souverain, soumis à l'autorité des gouverneurs et des lieutenants généraux ; il s'agit d'une charge possiblement héréditaire, à condition d'en adresser la demande officielle à l'autorité royale.

M. DU PARC.

Mais il me semble que non.

M. DE SAINT-BRICE.

C'est que tu ne te la rappelles pas.

M. DU PARC.

Et parbleu si fait ; n'est-ce-pas une grande fille, pâle, qui avait mal à la poitrine ?

M. DE SAINT-BRICE.

Oui ; mais ce mal-là n'est rien, notre chirurgien Major l'a entrepris, il m'a promis qu'avant un mois elle serait guérie.

M. DU PARC.

Si tu avais connu le nôtre ! il n'en manquait pas des maladies de poitrine ; c'était bien le plus habile homme du monde. Achève donc. Je parie que tu es amoureux de Mademoiselle Adélaïde.

M. DE SAINT-BRICE.

Il est impossible de l'aimer davantage.

M. DU PARC.

Et t'aime-t-elle aussi, elle ?

M. DE SAINT-BRICE.

Tout ce qu'on peut aimer ; et je parie que sa langueur ne vient que de ce que son père ne veut pas consentir à notre mariage.

M. DU PARC.

Quoi ! le bonhomme des Foins, est donc un peu entêté ?

M. DE SAINT-BRICE.

Que trop. Il n'y a que dans le cas où j'aurais la survivance de mon père, qu'il le voudrait bien.

M. DU PARC.

Je le crois.

M. DE SAINT-BRICE.

Mon père a écrit à son ancien Colonel, qui l'aimait beaucoup, il venait de mourir. Il a encore écrit, pour cette survivance, à bien des Officiers généraux de sa connaissance, sous lesquels il avait servi, quelques-uns ne lui ont pas répondu et les autres lui ont mandé qu'on n'accordait plus de survivances ; et comme il y a un de ses camarades qui en a obtenu une pour son fils, j'ai pris le parti de venir ici ; ce n'a pas été sans être désespéré de me séparer de Mademoiselle Adélaïde.

M. DU PARC.

Il faudra conter tout cela à Madame de Saint-Placide. Si tu veux, je la préviendrai.

M. DE SAINT-BRICE.

N'oublie pas de dire que c'est celle du Lieutenant de Roi du Quesnoi[7], qui a été accordée.

M. DU PARC.

Celle du Quesnoi ?

M. DE SAINT-BRICE.

Il y a six semaines.

M. DU PARC.

Ah ! ça ! tu viendras bientôt ?

M. DE SAINT-BRICE.

Oui, quand j'aurai fini mon mémoire.

---

[7] En 1554, à l'issue de la Fronde, Le Quesnoy, ville rattachée au Hainaut, entre sous l'autorité française. En 1559, dans le cadre du Traité des Pyrénées, une lieutenance est officiellement créée ; par son histoire et sa position géographique, la lieutenance du Quesnoy occupe une place stratégique.

M. DU PARC.

Allons, c'est bon ; je m'en vais t'annoncer. Ne sois pas longtemps.

M. DE SAINT-BRICE.

Non, non.

M. DU PARC.

Adieu.

SCÈNE III.

M. DE SAINT-BRICE,
cherchant dans le tiroir de la table.

Il n'y a ici ni plume, ni encre. Voyons si j'en ai. *(Il fouille dans ses poches.)* J'ai oublié mon écritoire aussi. La Fille ? Il n'y a pas des sonnettes ici ! La Fille ?

SCÈNE IV.

M. DE SAINT-BRICE, MARIANNE.

MARIANNE.

On y va.

M. DE SAINT-BRICE.

Allons donc.

MARIANNE.

Qu'est-ce que vous voulez, Monsieur ?

M. DE SAINT-BRICE.

Une écritoire.

MARIANNE.

Est-ce qu'il n'y en a pas là ? Ce matin…

M. DE SAINT-BRICE.

J'y ai regardé.

MARIANNE, *s'en allant.*

Vous en allez avoir tout à l'heure.

M. DE SAINT-BRICE.

Pourvu que je me souvienne de ce qu'il y avait dans ce mémoire. *(Il rêve.)*

MARIANNE, *revenant.*

Monsieur, voilà de l'encre.

M. DE SAINT-BRICE.

Et une plume ?

MARIANNE, *s'en allant.*

Vous ne dites pas, aussi.

M. DE SAINT-BRICE.

Allez, allez.

MARIANNE, *revenant avec une plume.*

Tenez, voilà une plume.

M. DE SAINT-BRICE.

Et du papier donc ?

MARIANNE, *s'en allant.*

Il fallait donc le dire en même-temps. Pardi ! il vous faut bien des choses, toujours.

M. DE SAINT-BRICE.

Ce diable de mémoire que j'ai perdu ! *(Il cherche dans ses poches.)* Voyons encore. *(Il regarde tous ses papiers et il baise une lettre.)* Ah ! chère Adélaïde !

MARIANNE, *revenant avec du papier, etc.*

Voilà tout ce qu'il vous faut, n'est-ce pas ?

M. DE SAINT-BRICE.

C'est bon, laissez-moi.

MARIANNE.

Il ne vous faut plus rien ?

M. DE SAINT-BRICE.

Non.

SCÈNE V.

M. DE SAINT-BRICE, UNE VOIX *dans la chambre prochaine.*

M. DE SAINT-BRICE, *se mettant à écrire.*

Il faudra bien que je me souvienne de ce qui était dans ce mémoire. *(Il rêve.)* Oui, je crois que voilà comme il commençait. *(Il écrit.)*

LA VOIX, *sur des tons différents.*

À boire pour le Roi[8]. À boire pour le Roi.

---

[8] Formule rituelle criée par le gentilhomme faisant office d'échanson à la cour de Versailles ; ce cri ouvre le rituel du service de la boisson lors du Grand Couvert ; déposées sur un plateau en or, deux carafes de cristal contenant le vin et l'eau étaient portées cérémonieusement à la table du roi par des gentilshommes du Gobelet ; après avoir vérifié que les carafes ne contenaient aucun poison, le roi se servait lui-même, buvait, puis confiait son verre à un officier qui le déposait sur un buffet ; ces charges devenues purement honorifiques étaient très prisées.

M. DE SAINT-BRICE, *écoutant.*

Qu'est-ce que j'entends là ?

LA VOIX.

À boire pour le Roi. À boire pour le Roi. À boire pour le Roi.

M. DE SAINT-BRICE.

Que diable est-ce que cela veut dire ?

LA VOIX.

À boire pour le Roi. À boire pour le Roi.

M. DE SAINT-BRICE.

Je n'entends pas bien. Qu'importe-t-il ?

LA VOIX.

À boire pour le Roi. À boire pour le Roi.

M. DE SAINT-BRICE.

Cela m'a fait oublier… Il faudra bien que je le retrouve. *(Il rêve.)*

LA VOIX.

À boire pour le Roi.

M. DE SAINT-BRICE.

Encore ? Ah ! je n'entends plus rien. *(Il rêve.)* Ah !… dire que je ne puisse pas me souvenir !…

LA VOIX.

À boire pour le Roi. À boire pour le Roi. À boire pour le Roi. À boire pour le Roi.

M. DE SAINT-BRICE.

Je n'y tiens pas !…

LA VOIX.

À boire pour le Roi.

M. DE SAINT-BRICE.

Je ne comprends pas qui ce peut être, il semble qu'il y a trois ou quatre voix.

LA VOIX.

À boire pour le Roi. À boire pour le Roi.

M. DE SAINT-BRICE.

Il m'est impossible de rien faire du tout, tant que cela continuera.

LA VOIX.

À boire pour le Roi. À boire pour le Roi. À boire pour le Roi.

M. DE SAINT-BRICE.

Il faut savoir ce que c'est. *(Il frappe contre le mur.)* Qu'est-ce qui est là ?

LA VOIX.

C'est moi.

M. DE SAINT-BRICE.

Qui, vous ?

LA VOIX.

J'ai l'honneur d'être votre voisin, Monsieur, et si vous voulez, je m'en vais vous aller voir.

M. DE SAINT-BRICE.

Qu'est-ce que vous avez ?

LA VOIX.

Je m'en vais vous le dire, Monsieur, je m'en vais vous le dire.

M. DE SAINT-BRICE.

Ce sera sûrement quelque importun, ou quelque fou.

SCÈNE VI.

M. DE SAINT-BRICE, M. DE PLAVEAU.

M. DE PLAVEAU, *à la porte.*

Est-il permis d'entrer ?

M. DE SAINT-BRICE.

Entrez.

M. DE PLAVEAU, *en robe de chambre, une chandelle à la main.*

Monsieur, j'ai bien l'honneur de vous saluer.

M. DE SAINT-BRICE.

Monsieur, je suis votre serviteur.

M. DE PLAVEAU.

Monsieur, je vous demande bien pardon de paraître comme cela devant vous ; mais c'est que c'est mon usage, quand je suis rentré chez moi, de me mettre en robe de chambre ; parce que vous entendez bien ; cela fait que… je dis… enfin, l'on est plus à son aise.

M. DE SAINT-BRICE.

C'est vrai.

M. DE PLAVEAU.

Monsieur, il me paraît que vous êtes en affaire, vous avez là une plume et de l'encre…

M. DE SAINT-BRICE.

Oui, Monsieur, j'ai un mémoire de très grande conséquence à écrire, et je n'ai pas de temps à perdre.

M. DE PLAVEAU.

Oh oui, quand on vient dans ce pays-ci… je m'en doutais bien… parce que…

M. DE SAINT-BRICE.

C'est ce qui fait que je ne vous propose pas de vous asseoir.

M. DE PLAVEAU.

Oh ! moi, vous vous moquez, je ne m'assis jamais ; je resterais comme cela toute la journée. Permettez seulement que je mette ma chandelle sur votre table.

M. DE SAINT-BRICE.

Non, je ne veux pas vous déranger ; car vous avez aussi affaire, vous, Monsieur, à ce qu'il me semble ?

M. DE PLAVEAU.

Oui vraiment, et je n'ai pas de temps à perdre non plus ; car c'est demain… Vous ne savez pas… C'est que…

M. DE SAINT-BRICE.

Quand on n'est ici que pour peu de temps…

M. DE PLAVEAU.

Oh ! moi, j'y suis pour trois mois, et c'est parce que… Vous avez été étonné de ce que vous entendiez ?

M. DE SAINT-BRICE.

Un peu, et si vous pouviez parler un peu plus bas…

M. DE PLAVEAU.

Plus bas ?

M. DE SAINT-BRICE.

Oui, vous me feriez plaisir.

M. DE PLAVEAU.

Cela est bien difficile, ce n'est pas que je veuille faire ce que vous voudriez ; car, moi… Monsieur est Officier, je crois ?

M. DE SAINT-BRICE.

Oui, Monsieur.

M. DE PLAVEAU.

Je le disais bien ; quand je vois qu'on a, comme cela, la croix[9], je dis, il faut que ce soit quelqu'un qui serve ou qui a servi ; car nous avons une étape à Nogent.

M. DE SAINT-BRICE.

Vous êtes de Nogent ?

M. DE PLAVEAU.

Oui, Monsieur, je me nomme Plaveau, et je suis Officier aussi, moi ; mais pas de même que vous, je suis Officier de Justice, j'en suis le Bailli[10] ; et j'ai voulu être encore Officier autrement ; c'est à dire… avoir une charge… C'est bien une charge que celle de Bailli ; mais je veux dire une charge plus honorable, quand je dis plus honorable ; c'est à-dire une charge chez le Roi.

M. DE SAINT-BRICE.

Vous êtes Officier du Roi ?

M. DE PLAVEAU.

Oui, Monsieur, j'ai cet honneur-là, je suis Officier du Gobelet.

---

[9] Décoration militaire qui permet à Plaveau d'identifier son interlocuteur.

[10] Le bailli est un officier de judicature, chargé de faire respecter la loi et d'appliquer l'administration du royaume ; il est l'ancêtre des préfets et sous-préfets ; les baillages disparaissent en 1790, tandis que les préfectures sont organisées par la Loi du 28 pluviôse an VIII (17 février 1800).

M. DE SAINT-BRICE.

Ah ! c'est très bien, Monsieur : je vous souhaite le bonsoir.

M. DE PLAVEAU.

Monsieur, vous avez bien de la bonté ; mais pour en revenir à ce que nous disions ; c'est une charge où il faut parler devant le Roi. Je suis bien accoutumé à parler en Public ; car j'ai été reçu avocat à Bourges, et puis je juge tous les jours ; c'est-à-dire quand il y a des causes à mon Bailliage, pour lors je parle ; mais parler devant le Roi, c'est bien différent, et il faut un peu s'étudier pour cela.

M. DE SAINT-BRICE.

En ce cas-là, Monsieur, je vous demande bien pardon de vous avoir interrompu, je suis bien votre serviteur.

M. DE PLAVEAU.

Vous ne m'avez point interrompu, Monsieur, au contraire, et je pense une chose même.

M. DE SAINT-BRICE.

Quoi ?

M. DE PLAVEAU.

Vous pourriez… je dis, si vous vouliez, vous pourriez me donner votre avis sur la manière dont…

M. DE SAINT-BRICE.

Une autre fois, tant que vous voudrez.

M. DE PLAVEAU.

C'est bien honnête à vous, Monsieur ; mais c'est demain que je commence, et…

M. DE SAINT-BRICE.

J'en suis bien fâché, mais…

M. DE PLAVEAU.

C'est l'affaire d'un instant.

M. DE SAINT-BRICE.

En vérité, je ne peux pas.

M. DE PLAVEAU.

Je vous en prie. Demain, quand le Roi sera à table ; car j'ai déjà vu tout cela, il est là, et moi ici. Le Roi demande à boire, et moi voilà ce que je dis aussitôt : à boire pour le Roi.

M. DE SAINT-BRICE.

C'est fort bien.

M. DE PLAVEAU.

Oui ; c'est ce que je dois dire ; mais c'est le ton que je cherche, j'ai envie de dire comme cela. À boire pour le Roi, ou à boire pour le Roi, ou à boire pour le Roi, non, je n'y suis pas.

M. DE SAINT-BRICE.

Je trouve que c'est fort bien.

M. DE PLAVEAU.

Non, j'avais trouvé un autre ton, à Nogent, que je cherche. Ah ! je crois que le voilà : écoutez, je vous prie. À boire pour le Roi, non, non. À boire pour le Roi ; ce n'est pas tout-à-fait cela, je le sens bien.

M. DE SAINT-BRICE.

Je vous assure que c'est à merveille.

M. DE PLAVEAU.

Vous me flattez ; mais si vous m'aviez entendu à Nogent, vous verriez bien… tenez, voilà, je crois, comme je disais :

à boire pour… je ne saurais retrouver ce ton-là ; mais d'ici à demain, il faudra bien en venir à bout.

M. DE SAINT-BRICE.

Sûrement, je vous demande bien pardon, mais…

M. DE PLAVEAU.

C'est juste, il faut que chacun fasse ses affaires, je suis bien aise d'avoir fait l'honneur de votre connaissance ; parce qu'on cause quelquefois.

M. DE SAINT-BRICE.

Prenez donc votre lumière.

M. DE PLAVEAU.

Ah ! oui, j'oubliais… quand on a quelque chose comme cela dans la tête… Je vous remercie bien, Monsieur, je suis votre très humble serviteur. *(Il sort.)*

M. DE SAINT-BRICE.

Enfin, le voilà parti !

M. DE PLAVEAU, *revenant.*

Monsieur, je pense une chose ; si je pouvais vous être utile pour votre mémoire…

M. DE SAINT-BRICE.

Non, Monsieur, je vous prie de vouloir bien…

M. DE PLAVEAU.

Je fais acte de bonne volonté, au moins.

M. DE SAINT-BRICE.

Je vous en suis bien obligé, permettez que je finisse mon mémoire. *(M. de Plaveau sort et revient.)*

M. DE PLAVEAU.

Ah ! je le tiens pour le coup, tenez Monsieur, écoutez. À boire pour le Roi, non, ce n'est pas cela, je vous demande bien pardon. *(Il ferme mal la porte.)*

M. DE SAINT-BRICE.

Et laissez la porte.

M. DE PLAVEAU.

C'est que la clef…

M. DE SAINT-BRICE.

Cela ne fait rien.

M. DE PLAVEAU.

Je vous souhaite bien le bonsoir. Si je retrouve le ton de Nogent, je viendrai vous le dire.

M. DE SAINT-BRICE.

Adieu, adieu.

SCÈNE VII.

M. DE ST. BRICE, M. DE PLAVEAU, *dans sa chambre.*

M. DE SAINT-BRICE.

Le diable emporte l'importun. *(Il s'assied.)* L'impatience dérange plus la mémoire ! *(Il rêve.)* Ah ! m'y voilà. *(Il écrit.)* Fort bien. Après, qu'est-ce qu'il y avait ? *(Il cherche.)*

M. DE PLAVEAU.

À boire pour le Roi, à boire pour le Roi.

M. DE SAINT-BRICE.

Ah ! le voilà qui recommence. Je voudrais que… Ne l'écoutons pas. *(Il rêve.)*

M. DE PLAVEAU.

À boire pour le Roi, à boire pour le Roi.

M. DE SAINT-BRICE.

Je ne ferai jamais rien de la soirée.

M. DE PLAVEAU.

À boire pour le Roi, à boire pour le Roi.

M. DE SAINT-BRICE.

Voyons l'heure qu'il est. Comment, dix heures moins un quart. *(Il se lève.)*

M. DE PLAVEAU.

À boire pour le Roi.

M. DE SAINT-BRICE.

Demain matin, je me lèverai de bonne heure. *(Il prend son épée et son chapeau.)*

M. DE PLAVEAU.

À boire pour le Roi. M. l'Officier, je le tiens, écoutez, à boire pour le Roi ; entendez-vous ?

M. DE SAINT-BRICE.

Allons-nous-en, car il va venir. *(Il sort.)*

SCÈNE DERNIÈRE.

M. DE PLAVEAU, *dans sa chambre.*

Monsieur l'Officier, j'y suis. À boire pour le Roi. Êtes-vous content de cela ? *(Il vient avec sa lumière à la main.)* À boire pour le Roi. *(Il est étonné de ne plus trouver M. de Saint-Brice.)* Il est sorti, j'en suis bien fâché ! mais je ne veux pas oublier ce ton-là, toujours. *(Il s'en va en disant.)* À boire pour le Roi, à boire pour le Roi.

Explication du Proverbe :

57. *Dieu vous garde d'un homme qui n'a qu'une affaire.*

LA DIÈTE

Quatre-vingt-quatrième proverbe[1]

Édition de Sylvain Ledda

[1] Dans l'édition Laporte des *Proverbes dramatiques* (1781), tome septième.

NOTICE

« La plupart de ces esquisses ne manquent ni d'invention ni d'originalité ; une de celles qui nous paraît en avoir le plus est *La Diète* », lit-on dans la *Correspondance littéraire* de Grimm et Diderot[2]. Le jugement de Diderot est fondé car la pièce, qui tend vers la comédie en un acte, présente une grande qualité de dialogue. L'intrigue de *La Diète* est en effet digne d'une pièce de Molière. Même si certaines scènes rappellent *Le Malade imaginaire* (la fausse mort d'Argan[3]), la source de Carmontelle est plus vraisemblablement *L'Hypocondriaque, ou Le Mort amoureux* de Jean Rotrou, tragi-comédie représentée en 1631. Rotrou se serait lui-même inspiré d'un fait divers relaté par le médecin Louis Guyon dans ses *Diverses leçons*[4] : un avocat parisien se croyait mort, « à cause de quoi il ne vouloit plus parler, ny rire, ny manger, ny chesminer[5] ». Son neveu, contrefaisant le défunt, le persuade qu'on peut rire et manger au royaume des morts. Cette anecdote plaisante, explique Guyon, fut imprimée et jouée sous la forme d'une farce à la cour de Charles IX. Selon Petit de Julleville, Carmontelle ignorait cette anecdote et ce serait seulement inspiré de Rotrou[6]. C'est également l'avis du critique d'Édouard Fournier[7].

---

[2] *Grimm, Diderot. Correspondance littéraire, philosophique…*, éd. Maurice Tourneux, t. XII, Paris, Garnier Frères, 1880, p. 534.

[3] Voir Jean Emelina, « Molière : Les Jeux de La Mort et de La Vie », *Revue d'Histoire Littéraire de La France*, vol. 88, n° 4, 1988, p. 650-676.

[4] C'est la piste suivie par Jean-Claude Vuillemin dans son introduction de la pièce de Rotrou (*L'Hypocondriaque, ou Le Mort amoureux*, Genève, Droz, 1999, p. XXXI).

[5] *Ibid.*, p. XXXII.

[6] *Répertoire du théâtre comique en France au moyen-âge*, Paris, Cerf, 1886, p. 297.

[7] *Le Théâtre français du XVI*e *et du XVII*e *siècle*, Paris, Laplace, 1871, p. 434.

Dans *La Diète*, un médecin trop scrupuleux a prescrit une diète à un patient, qui s'affaiblit de jour en jour. Face à ce traitement discutable, le bon sens de l'entourage familial et le pragmatisme des domestiques font force de loi naturelle. Mais il s'agit de trouver une stratégie pour que le malade s'alimente, seul moyen de recouvrer la santé. L'idée imaginée par les serviteurs ne manque pas de piquant : leur maître étant persuadé qu'il est trépassé et qu'il séjourne aux « Champs-Élysées », les domestiques affirment qu'eux aussi sont morts et le convainquent qu'on fait bonne chère dans l'au-delà. En détournant le ressort éprouvé de la mort feinte ou de la fausse mort, Carmontelle crée des situations incongrues et comiques. Une nouvelle fois, sous-tendue par une philosophie épicurienne, la morale du proverbe dramatique est au service des plaisirs de la vie, parmi lesquels les bons mets tiennent bonne place. En dépit de son titre explicite, *La Diète* n'est pas le seul proverbe à aborder la question des restrictions alimentaires, il s'agit même d'un thème récurrent des proverbes dramatiques[8]. *Le Malentendu* (quatre-vingt treizième proverbe) développe également ce motif médical avec la même conclusion : la diète fait dépérir celui qui la subit.

Nous n'avons pas trouvé trace de la représentation de *La Diète*. En revanche, il est probable que Jean Vilar ait eu le projet de mettre en scène cette petite comédie : le fonds Jean-Vilar possède une adaptation dactylographiée du proverbe restée inédite. La pièce figure dans le recueil illustré de 103 dessins aquarellés par Carmontelle, conservé au Musée Condé de Chantilly[9].

S.L.

[8] Voir en particulier dans ce volume *L'Abbé de coure-dîner*, p. 146 et suiv.

[9] Numéro d'inventaire DE 1171-84 ; autre numéro : Ms 394.

PERSONNAGES.

M. DESPREUILS.
ME. DENERÉE, *veuve, nièce de M. Despreuils.*
LE CHEVALIER DE ST. JULES.
ME. BABAS[10], *gouvernante de M. Despreuils*
LA ROCHE, *laquais de M. Despreuils.*
LA FLEUR, *laquais de M. Despreuils.*
LE BRUN, *laquais du chevalier de St. Jules.*
M. SOBRIN[11], *médecin.*

La Scène est chez M. Despreuils, dans un salon.

[10] Probable jeu de mots onomastique, en référence au baba, pâtisserie qui aurait été inventée par Nicolas Stohrer, pâtissier au service du roi de Pologne, Stanislas Leszczynski, en exil à Wissembourg en Alsace ; par la suite, ce dessert eut un grand succès.

[11] Ainsi nommé pour son ascétisme et ses ordonnances de sobriété.

SCÈNE PREMIÈRE.

ME. DENERÉE, LE CHEVALIER.

LE CHEVALIER.

Eh bien, Madame, qu'est-ce qu'il y a de nouveau ici ?

ME. DENERÉE.

Mon oncle est toujours de même.

LE CHEVALIER.

Le délire continue ?

ME. DENERÉE.

Oui. Je ne veux pas vous parler devant les domestiques.

LE CHEVALIER.

Pourquoi ?

ME. DENERÉE.

C'est qu'ils ne sont pas bien intentionnés pour vous. Ils disent que mon oncle n'était pas malade, et que c'est le médecin que vous lui avez donné, qui lui a causé ce délire.

LE CHEVALIER.

Mais Monsieur Sobrin est fort sage, et j'ai fait pour le mieux.

ME. DENERÉE.

Je le crois ; mais la diète qu'il ordonne dans toutes les maladies a révolté nos gens, et ils ont tant dit à mon oncle que s'il ne voulait pas manger, il mourrait, qu'aujourd'hui il se croit mort, oui, absolument mort.

LE CHEVALIER.

Quoi ! la tête de M. Despreuils est affaiblie à ce point-là ?

ME. DENERÉE.

Oui, vraiment, et si elle ne revient pas, et qu'il meure en effet, je ne pourrai jamais vous épouser.

LE CHEVALIER.

Pourquoi donc ? n'êtes-vous pas veuve ; par conséquent maîtresse de vos volontés[12] ?

ME. DENERÉE.

Il est vrai ; mais vous ne savez pas tout. J'attends de mon oncle la seule fortune que je puisse avoir.

LE CHEVALIER.

Je le sais.

ME. DENERÉE.

Vous n'êtes pas riche, et il m'était bien doux de pouvoir vous faire partager des biens que je ne saurais désirer sans vous.

LE CHEVALIER.

Votre cœur me suffit.

ME. DENERÉE.

Je le crois ; mais en vous épousant sans la succession de mon oncle, je vous ruinerais, en vous empêchant de faire un bon mariage ; et il a fait un testament par lequel il me déshérite, si je vous épouse.

LE CHEVALIER.

Ô ciel ! que m'apprenez-vous ?

ME. DENERÉE.

S'il mourrait…

---

[12] Détail juridique exact ; seul le statut de veuve permet une certaine liberté aux femmes ; le Code civil (1804) confirmera cette donnée.

LE CHEVALIER.

Ne pourrait-on pas faire casser le testament, comme ayant été fait dans le délire ?

ME. DENERÉE.

Ce serait un procès dont le succès serait très douteux ; et comme les domestiques sont bien traités dans ce testament, le délire serait très difficile à prouver.

LE CHEVALIER.

Comment donc faire ?

ME. DENERÉE.

Il faut attendre M. Sobrin, que j'ai envoyé chercher par Le Brun, qui s'est trouvé ici fort à propos.

LE CHEVALIER.

Mais la gouvernante…

ME. DENERÉE.

Madame Babas ?

LE CHEVALIER.

Oui, elle empêchera qu'on ne suive les ordonnances.

ME. DENERÉE.

Il est vrai qu'elle est un peu contre lui, depuis le délire de mon oncle ; mais je vais lui faire entendre raison.

LE CHEVALIER.

La chose sera difficile ; car elle est bien entêtée : la voici.

SCÈNE II.

ME. DENERÉE, LE CHEVALIER, ME. BABAS.

ME. DENERÉE.

Eh bien, Madame Babas, mon oncle se croit-il toujours mort ?

ME. BABAS.

Ah ! mon Dieu, Madame, plus que jamais ; il nous fait perdre l'esprit. Premièrement, il ne veut plus ouvrir les yeux, et il ne parle que de son enterrement, et puis il dit qu'on verra dans son testament qu'il ne veut ni cloches, ni chant ; quelle pitié ! ensuite il demande si on l'a lu.

LE CHEVALIER.

Est-ce que les notaires n'ont pas vu qu'il était dans le délire ?

ME. BABAS.

Mais c'est qu'il n'y était pas, Madame, et qu'il avait toute la raison comme moi. Il n'y a qu'un point qui le tourmentait, c'était de savoir que vous vous portiez bien, vous, Monsieur le Chevalier et Monsieur Sobrin aussi. Pour Monsieur Sobrin, il a bien raison de le détester ; car c'est cette chienne de diète qu'il lui a ordonnée qui l'a mis dans cet état-là.

LE CHEVALIER.

Eh bien, si vous le croyez, faites-le manger.

ME. BABAS.

Est-ce qu'il y a moyen à présent ? Il dit que les morts ne mangent point. J'ai beau lui dire : Mais, mon cher maître, écoutez donc une chose, si vous ne mangez pas, nous mourrons tous de chagrin. Eh bien, dit-il, tant mieux, nous nous reverrons bientôt ; car il nous aime bien, comme vous voyez : c'est le meilleur cœur du monde ! Pour moi, je crois que je deviendrai folle. Savez-vous que cela me fait tant de peur, cette vilaine diète, que, depuis que mon maître est comme cela, je fais mes quatre repas, et je mange, la nuit, quand je m'éveille : il faut vivre avant de mourir, premièrement, et d'un.

ME. DENERÉE.

Eh mon Dieu ! Monsieur Sobrin ne vient pas.

ME. BABAS.

Qu'en voulez-vous faire, Madame ? Ah, pardi, voilà un beau médecin de neige ; c'est dommage qu'il n'y ait pas de dégel pour lui. Mais je m'amuse, moi, là, tandis que j'ai affaire. Voyons un peu… oui, il sera bien sur ce sopha[13].

LE CHEVALIER.

Qui donc, Madame Babas ?

ME. BABAS.

Monsieur Despreuils veut être transporté ici.

ME. DENERÉE.

Pourquoi faire ?

ME. BABAS.

Ah dame, pour… Eh bien, voilà que je ne m'en souviens pas à présent. Ah ! mon Dieu, si j'allais devenir folle aussi, moi ! Je m'en vais manger un morceau et boire un coup promptement.

---

[13] Nous conservons ici l'orthographe ancienne de sofa.

SCÈNE III.

ME. DENERÉE, LE CHEVALIER, LA ROCHE, *avec des oreillers.*

LA ROCHE.

Je vais mettre les oreillers sur le canapé.

ME. DENERÉE.

Est-ce que mon oncle va venir ?

LA ROCHE.

Oui, Madame, c'est-à-dire, nous allons l'apporter ; car il dit que les morts ne marchent pas.

ME. DENERÉE.

Chevalier, allez-vous-en ; il serait peut-être fâché de vous voir.

LA ROCHE.

Il ne le verra pas, Madame : il dit que lorsqu'on est mort on doit avoir les yeux fermés, et il tient parole. Je m'en vais le chercher. *(Il sort.)*

ME. DENERÉE.

En vérité, cette situation est réellement affligeante.

LE CHEVALIER.

Il faut espérer qu'elle ne durera pas. Nous verrons ce que dira le Docteur.

ME. DENERÉE.

Voici, je crois, mon oncle.

SCÈNE IV.

DESPREUILS, *en robe de chambre*, ME. DENERÉE, LE CHEVALIER, ME. BABAS *mangeant*, LA ROCHE et LA FLEUR *portant M. Despreuils.*

LA ROCHE.

Tiens, par ici. Avance encore : posons-le là.

ME. BABAS.

Un peu plus avant : fort bien.

M. DESPREUILS.

Eh ! tu me fais mal au cou, toi, la Roche.

LA ROCHE.

Oh que non, Monsieur.

M. DESPREUILS.

Eh parbleu, je le sens bien, apparemment.

LA ROCHE.

Vous vous trompez, Monsieur.

M. DESPREUILS.

Comment, je me trompe ?

LA ROCHE.

Assurément, est-ce que les morts sont sensibles ?

M. DESPREUILS.

Ah ! tu as raison ; je n'y pensais pas.

ME. BABAS.

La Roche, allez-vous en boire un coup avec la Fleur, et n'oubliez pas de manger au moins, car vous voyez où mène la diète.

LA ROCHE.

Oh ! laissez, laissez-nous faire, ne soyez pas en peine de nous.

SCÈNE V.

ME. DENERÉE, M. DESPREUILS, LE CHEVALIER, ME. BABAS.

ME. DENERÉE.

Eh bien, mon oncle, comment vous trouvez-vous ?

M. DESPREUILS.

Mais assez bien. Je ne croyais pas qu'on mourût comme cela, sans sentir ni mal, ni douleur.

ME. DENERÉE.

Mais vous n'êtes pas mort…

M. DESPREUILS.

Je ne suis pas mort ? qui vous a dit cela ?

ME. DENERÉE.

Non, assurément, vous ne l'êtes point : rappelez votre raison…

M. DESPREUILS.

Comment ma raison ? est-ce que les morts sont des fous ? croyez-vous qu'ils aient envie de rire ? Laissez-moi tranquille ; voilà l'état où je dois être, je le sais mieux que vous.

ME. DENERÉE.

Mais, mon oncle, croyez-nous donc.

M. DESPREUILS.

Ah ça, voulez-vous me faire mettre en colère, afin que les morts se moquent de moi ; car je serais, je crois, le seul mort en colère.

ME. BABAS.

Moi, je ne lui veux rien dire ; s'il voulait manger, cela serait différent.

M. DESPREUILS.

Mais je vous dis que dans notre monde on ne mange pas.

ME. BABAS.

Eh bien, soyez du nôtre ; il vaut mieux être un bon vivant qu'un triste mort.

ME. DENERÉE.

Ah ! voilà le Brun.

SCÈNE VI.

ME. DENERÉE, LE CHEVALIER, M. DESPREUILS, M. SOBRIN, ME. BABAS, LE BRUN.

LE CHEVALIER.

Eh bien, le Docteur vient-il ?

LE BRUN.

Vous allez le voir ; il me suit : le voilà qu'il entre.

ME. DENERÉE, *allant au-devant de lui.*

Monsieur le Docteur, que dites-vous de l'état de mon oncle ?

M. SOBRIN.

Tout à l'heure, Madame, tout à l'heure *(il tâte le pouls de M. Despreuils).*

ME. BABAS.

Monsieur, depuis le matin il se croit mort.

M. SOBRIN.

Bon.

ME. BABAS.

Songez donc qu'il n'a pas mangé depuis huit jours.

M. SOBRIN.

Bon.

ME. BABAS.

Toute la nuit il a été très agité.

M. SOBRIN.

Bon.

ME. BABAS.

Et, quelque chose que nous lui ayons dit, il n'a pas voulu ouvrir les yeux.

M. SOBRIN.

Bon.

ME. BABAS.

Comment, bon, bon, bon ; mais s'il continue, nous ne saurons qu'en faire.

M. SOBRIN.

Fort bien : je sais à présent la cause du mal, et je le guérirai.

ME. BABAS.

Vous ne le guérirez pas, si vous ne trouvez le moyen de le résoudre à manger.

M. SOBRIN.

Au contraire. Écoutez-moi.

ME. BABAS.

Mais, Monsieur, quand il n'y a plus d'huile dans une lampe, premièrement et d'un, il faut bien qu'elle s'éteigne ; on ne vit pas de l'air du temps, et votre diète…

ME. DENERÉE.

Écoutez M. le Docteur, Madame Babas.

ME. BABAS.

Ah ! mon Dieu, qu'il parle tant qu'il voudra ; mais ce n'est pas avec des paroles qu'on guérit un malade. J'ai parlé à mon mari jusqu'au dernier moment, et cela ne l'a pas empêché de mourir, le pauvre défunt[14] !

ME. DENERÉE.

Finissez donc.

ME. BABAS.

Allons, je me tais ; mais…

M. SOBRIN, *à Madame Denerée.*

Madame, le mal de M. votre oncle est dans le sang, c'est-à-dire, que la fermentation a causé une fièvre qui tourne à la malignité, et que, sans perdre un instant, il faut le saigner trois fois, d'heure en heure.

ME. BABAS.

Ce n'est pas mon avis à moi, Madame ; c'est Monsieur votre oncle ; mais c'est mon maître.

M. DESPREUILS.

Qu'est-ce que dit le Docteur, Madame Babas ?

---

[14] Souvenir de la réplique pléonastique de Toinette dans *Le Malade imaginaire* : « […] Le pauvre défunt est trépassé. » (III, 12).

ME. BABAS.

Il dit qu'il veut vous faire saigner trois fois : n'y consentez pas, mon cher maître.

M. DESPREUILS.

Je ne crois pas qu'il s'en avise.

M. SOBRIN.

Mais, Monsieur Despreuils…

M. DESPREUILS.

Non, Monsieur ; vous m'avez tué, contentez-vous de cela. On peut bien ouvrir un mort mais on ne le saigne pas ; et je vous empêcherai bien de me poursuivre au-delà du tombeau.

ME. BABAS.

Et moi aussi, je vous assure.

ME. DENERÉE.

Madame Babas, je vous prie de ne pas vous opposer aux secours qu'il est à propos de donner à mon oncle.

ME. BABAS.

Mais Madame…

ME. DENERÉE.

Taisez-vous.

ME. BABAS, *à part.*

Si je ne parle pas, je n'en penserai pas moins.

LE CHEVALIER, *bas.*

Docteur, comment ferez-vous ? Ils ne le laisseront jamais saigner.

M. SOBRIN.

Je sens bien que Madame Babas s'y opposera, et que le malade sera fort difficile à saigner de force ; ainsi il faut prendre un autre parti.

LE CHEVALIER.

Voyons.

M. SOBRIN.

Avez-vous quelqu'un sur qui vous puissiez compter ici ?

ME. DENERÉE.

Oui, il y a Le Brun, qui est au Chevalier.

M. SOBRIN.

Eh bien, je vais vous envoyer un températif[15], qu'il lui fera prendre, sans que Madame Babas le sache, et cela arrêtera les progrès de la fièvre ; vous en pouvez être sûrs.

ME. DENERÉE.

Allons, envoyez-le promptement.

M. SOBRIN.

Je vous l'apporterai moi-même, et, quelque temps après, je viendrai voir l'effet du remède.

ME. DENERÉE.

Allez, ne tardez pas.

LE CHEVALIER, *à Madame Denerée.*

Je vais conduire le Docteur.

ME. DENERÉE.

J'y vais aussi ; je veux savoir ce qu'il pense réellement de l'état de mon oncle.

---

[15] Remède qui permet de tempérer le patient, qui obère certains excès du sang.

SCÈNE VII.

M. DESPREUILS, ME. BABAS, LE BRUN.

ME. BABAS.

Pour des gens d'esprit, comme ils donnent tête baissée dans tout ce que dit cet homme-là. Ah ! si notre Monsieur Tibia[16] n'était pas en campagne, comme il aurait déjà guéri notre maître !

LE BRUN.

Qu'est-ce que c'est que Monsieur Tibia ?

ME. BABAS.

Ah ! c'est un petit chirurgien qui demeure ici au coin de la rue à droite. Il m'a donné une fois une médecine qui m'a purgée pendant onze jours ; aussi je n'ai pas été malade depuis.

LE BRUN.

Ah ça, voulez-vous que je guérisse Monsieur Despreuils, moi ?

ME. BABAS.

Assurément, je le veux ; tenez, j'ai plus de confiance en vous, qu'à ce Docteur, avec la grande perruque et la canne. Quand on dit un Docteur, c'est pour moi comme si l'on disait un ignorant.

LE BRUN.

Cela est souvent la même chose. Ah çà, qu'est-ce que vous me donnerez, si je réussis ?

---

16 Musset baptise Tibia le domestique inquiétant de Claudio dans *Les Caprices de Marianne* (1833).

ME. BABAS.

Tout ce que vous m'avez demandé.

LE BRUN.

Ne badinons pas ; vous savez que depuis longtemps j'ai envie de vous épouser.

ME. BABAS.

Eh bien, je vous épouserai, cela ne me fait rien ; parce qu'on m'a prédit que je serais veuve trois fois.

LE BRUN.

Je ne crois pas aux devins. Allons, commencez par me donner des draps blancs, et envoyez-moi la Roche avec une échelle.

ME. BABAS.

Vous me direz donc…

LE BRUN.

Oui, oui, après.

SCÈNE VIII.

M. DESPREUILS, LE BRUN.

M. DESPREUILS.

Eh bien, qu'est-ce donc que l'on fait ? est-ce qu'on ne songe pas à mon enterrement ?

LE BRUN.

Pardonnez-moi, Monsieur, on va apporter la tenture.

M. DESPREUILS.

Avec toutes leurs cérémonies, ces gens-là gâtent la mort ; mais j'ai dit dans mon testament que je n'en voulais point.

LE BRUN.

Dame, Monsieur, je n'en sais rien ; mais puisque le vin est tiré il faut le boire.

M. DESPREUILS.

Allons, finissez donc.

SCÈNE IX.

M. DESPREUILS, LE BRUN, LA ROCHE,
avec des draps et une échelle.

LE BRUN.

Aidez-moi donc, Messieurs ? *(Ils tendent les draps).*

M. DESPREUILS.

Cela avance-t-il ?

LE BRUN.

Oui, Monsieur, voilà qui est fait. *(Ils s'en vont.)*

SCÈNE X.

M. DESPREUILS.

Je ne sais pas quand ils viendront me chercher. Je suis bien fâché d'avoir défendu les cloches ; j'aurais entendu tout cela, et je saurais quand on aurait fini ; car je ne sens rien.

SCÈNE XI.

M. DESPREUILS, LE BRUN.

LE BRUN, *contrefaisant plusieurs voix.*

Qu'est-ce donc là qui passe ? – C'est ce pauvre M. Despreuils.

M. DESPREUILS.

Ah, ah ! je passe ; cela sera bientôt fait.

LE BRUN.

A-t-il été malade longtemps ? – Non ; mais ses gens pleurent bien. – C'est qu'ils l'aimaient beaucoup. – Voyez donc ce pauvre le Brun comme il est affligé. – Est-ce qu'il était à lui ? – Non ; mais il ne l'aimait pas moins. – S'il avait su cela, il lui aurait assurément laissé quelque chose. – Allons, voilà le convoi passé. – Adieu, Monsieur, adieu, Madame. – Mes compliments chez vous. – Je n'y manquerai pas.

SCÈNE XII.

M. DESPREUILS.

Je n'entends plus rien, Je voudrais bien savoir où je suis à présent. Je crois que je puis ouvrir les yeux. *(Il ouvre les yeux).* Ah, ah ! je ne vois que du blanc. Apparemment que ce sont les Champs-Élysées[17]. Mais que dois-je faire ? dois-je me lever ou rester tranquille ? Pour le savoir, attendons qu'il paraisse quelques âmes, qui sans doute me le diront. – Ah ! mon Dieu, que je m'ennuie ! On a bien raison de dire dans l'autre monde qu'on s'ennuie comme un mort ; mais j'entends quelqu'un. Examinons sans rien dire.

---

[17] Dans la mythologie, les âmes vertueuses séjournent aux Champs-Élysées après leur mort.

SCÈNE XIII.

M. DESPREUILS, ME. BABAS, LE BRUN,
enveloppés chacun d'un drap de la tête aux pieds.

M. DESPREUILS.

Ce sont deux âmes.

LE BRUN, *bas.*

Le Docteur a envoyé une petite bouteille, que j'ai là pour lui faire prendre.

ME. BABAS.

Jetez-la par la fenêtre.

LE BRUN.

Non, je veux la lui faire voir, pour lui prouver que je n'en ai pas eu besoin.

ME. BABAS.

Madame Denerée croit que nous ne réussirons pas.

LE BRUN.

Elle verra qu'elle s'est trompée.

M. DESPREUILS.

Je n'entends pas un mot de ce qu'ils disent ; mais que vois-je ! je crois que c'est Le Brun ?

LE BRUN.

Oui, Monsieur, c'est moi-même.

M. DESPREUILS.

Depuis quand es-tu mort ?

LE BRUN.

Monsieur, deux heures après Madame Babas.

M. DESPREUILS.

Madame Babas est morte ?

ME. BABAS.

Oui, mon cher maître, du chagrin de ne plus vous voir : j'ai dit comme cela, qu'est-ce que j'ai affaire au monde à présent ? et je suis morte tout de suite ; et Le Brun, qui m'aimait, est mort aussi.

M. DESPREUILS.

En vérité, mes amis, j'en suis bien aise ; car je ne connais personne ici.

ME. BABAS.

Que faisiez-vous donc là ?

M. DESPREUILS.

Rien. Je m'ennuyais.

LE BRUN.

Mais il faut faire quelque chose pour s'amuser.

M. DESPREUILS.

Eh quoi ?

ME. BABAS.

Boire et manger.

M. DESPREUILS.

Vous vous moquez de moi ; des âmes ne mangent pas.

LE BRUN.

Je le croyais comme vous ; mais nous avons déjà goûté, et nous allons souper.

M. DESPREUILS.

Quel conte vous me faites !

LE BRUN.

Vous allez voir. Madame Babas, vous avez nos deux poulets ?

ME. BABAS.

Oui, les voici ; je les ai choisis bien gras.

LE BRUN.

Et moi, j'ai deux bouteilles de vin, du meilleur qui soit en Bourgogne.

M. DESPREUILS.

Et vous allez boire et manger ?

LE BRUN.

Sûrement ; vous allez voir.

M. DESPREUILS.

Je ne comprends pas cela.

ME. BABAS.

Est-ce que vous n'avez pas faim ?

M. DESPREUILS.

Parbleu si fait, j'ai faim et soif, on ne peut pas davantage ; mais je ne crois pas que je doive manger.

ME. BABAS.

Eh bien, Monsieur, ce sont vos affaires ; pour nous, nous allons toujours manger, n'est-ce pas, Le Brun ?

LE BRUN.

Ah ! je vous en réponds.

ME. BABAS.

Mettons-nous ici auprès de Monsieur, pour lui tenir compagnie. Voilà votre poulet. Donnez-moi du pain.

LE BRUN.

En voici. *(Ils mangent).*

M. DESPREUILS.

Votre poulet sent bien bon.

ME. BABAS.

Il est excellent !

LE BRUN.

J'avais bien faim.

ME. BABAS.

Buvons donc.

LE BRUN.

Volontiers. *(Il verse à boire, et ils boivent.)*

M. DESPREUILS.

Savez-vous à quoi je pense, pendant que vous mangez tous les deux ?

LE BRUN, *la bouche pleine.*

Non, Monsieur, à quoi ?

M. DESPREUILS.

À tout ce qu'on dit dans le monde d'où nous venons, quand on parle de celui-ci.

LE BRUN.

Oui, cela est bien drôle : on y parle souvent de tout, sans savoir ce qu'on dit.

M. DESPREUILS.

Assurément, puisqu'on dit que quand on est mort, on ne mange pas.

ME. BABAS.

Ah ! mais, dame, écoutez donc ; peut-être qu'ici il n'y a que le peuple qui mange, pour le récompenser de n'avoir pas fait aussi bonne chère que vous de son vivant.

LE BRUN.

Ah, pardi, pour moi, je serais bien fâché de n'être pas peuple ici ; je serais privé d'un trop grand plaisir.

ME. BABAS.

Ce qu'il y a de meilleur encore, c'est qu'on peut manger tant qu'on veut, sans craindre que cela fasse du mal : parce qu'on ne meurt pas deux fois.

LE BRUN.

Cela n'est pas malheureux ; on n'est seulement pas malade ici ; ce n'est pas comme là-haut. En vérité, je les plains bien ces pauvres vivants ! Allons, buvons.

ME. BABAS.

Monsieur, à votre santé.

LE BRUN.

C'est sans cérémonie. À l'honneur de la vôtre.

M. DESPREUILS.

Vous trouvez donc du goût à ce que vous mangez ?

ME. BABAS.

Et un bon goût. Tenez, sentez cela.

M. DESPREUILS.

Diable ! cela augmente ma faim.

LE BRUN.

Cela est bien malheureux d'être condamné comme cela à avoir toujours faim, sans pouvoir manger.

M. DESPREUILS.

Vous croyez que je suis condamné à cela ?

ME. BABAS.

Ah dame, je ne sais pas. Qu'est-ce qui sait cela ? Si vous voulez, quand nous aurons fait connaissance ici, nous nous informerons des tenants et des aboutissants, et nous vous dirons de quoi il retourne.

M. DESPREUILS.

Oui, mais en attendant…

LE BRUN.

Vous êtes sûr de ne pas mourir de faim.

M. DESPREUILS.

Oui ; mais de souffrir beaucoup.

LE BRUN.

Cela pourrait bien être ; mais il faut prendre patience, je n'y sais pas d'autre remède.

M. DESPREUILS.

Écoutez-moi : vous êtes tous les deux mes amis.

ME. BABAS.

Et nous le serons toujours à présent ; voilà de quoi vous pouvez être bien sûr.

M. DESPREUILS.

Si vous me promettiez le secret, il me semble que je pourrais essayer de manger.

LE BRUN.

Oui ; mais c'est que nous avons encore faim.

M. DESPREUILS.

Rien qu'une cuisse de poulet seulement.

ME. BABAS.

Ah oui, pour essayer, n'est-ce pas ?

LE BRUN.

Oui ; mais c'est que l'appétit vient quelquefois en mangeant, et puis nous…

M. DESPREUILS.

Mes amis, je vous en prie.

ME. BABAS.

Vous n'en direz rien.

M. DESPREUILS.

Non, non.

LE BRUN.

Tenez, voilà une cuisse.

ME. BABAS.

Et du pain.

M. DESPREUILS.

En vous remerciant. *(Il dévore).*

ME. BABAS.

Cela est-il bon ?

M. DESPREUILS, *la bouche pleine.*

Excellent !

LE BRUN.

Il faut boire.

M. DESPREUILS.

Donnez, donnez. *(Il boit).* Voilà de bon vin.

LE BRUN.

C'est qu'il n'y a pas ici de cabaretier. Le vin est naturel.

M. DESPREUILS.

Donnez-moi quelque chose encore.

LE BRUN.

Tenez, voilà une aile.

M. DESPREUILS.

Donnez-moi à boire. *(Il boit).*

ME. BABAS.

Cela ne va pas mal. Je commence à croire à présent que vous n'êtes pas condamné à mourir toujours de faim ; dame, écoutez donc : plus on vit, plus on apprend.

M. DESPREUILS.

En vérité, mes amis, je suis bien heureux que vous soyez morts.

LE BRUN.

Buvez, buvez. *(Il lui sert à boire).*

M. DESPREUILS, *après avoir bu.*

Tout cela me fait un grand plaisir !

LE BRUN.

Vous voyez bien que les morts vous apprennent à vivre.

ME. BABAS.

Si j'étais de vous, pour vous amuser, car vous n'avez rien à faire, je m'amuserais à dormir, c'est toujours autant de pris.

M. DESPREUILS.

Les morts dorment-ils ?

LE BRUN.

Tant qu'ils veulent.

M. DESPREUILS.

Je commence à le croire ; car j'en ai bien envie.

ME. BABAS.

Eh bien, essayez. Attendez, je vais raccommoder votre bonnet de nuit et votre couvre-pieds. Là, voilà qui est bien. Bonsoir.

M. DESPREUILS.

Bonsoir, bonsoir.

LE BRUN.

Bonsoir, Monsieur. Il ne me répond pas : bonsoir, Monsieur. Ma foi, il est déjà endormi.

ME. BABAS.

Le voilà sauvé.

LE BRUN.

Pour moi, je le crois. Bonsoir, Monsieur. Il n'entend rien.

ME. BABAS.

Allons, emportons tout cela.

LE BRUN.

Non, laissons-le là.

SCÈNE XIV.

M. DESPREUILS, ME. DENERÉE, LE CHEVALIER, ME. BABAS, LE BRUN.

ME. DENERÉE.

Nous avons tout entendu. Mon oncle dort-il tout de bon ?

LE BRUN.

Je vous en réponds.

LE CHEVALIER.

Il ne faut pas le réveiller.

ME. BABAS.

Oh ! il n'y a rien à craindre ; quand il dort une fois, on tirerait le canon de la Bastille que cela ne lui ferait rien.

ME. DENERÉE.

Voilà une heureuse idée que Le Brun a eue là.

LE BRUN.

Je m'en vais détendre tout cela pour quand il se réveillera.

LE CHEVALIER.

Dépêche-toi.

LE BRUN.

J'aurai bientôt fait. *(Il va chercher une échelle, et il détend les draps).*

ME. DENERÉE.

Pourvu qu'il revienne dans son bon sens.

ME. BABAS.

Ah ! pardi, il y sera, puisqu'il a mangé ; je vous en réponds, moi. Je voudrais avoir autant d'écus que les médecins ont tué de monde avec leur chienne de diète. Pour moi je sais bien que, lorsque je serai malade, je demanderai toujours à manger : tant qu'on mange on ne meurt pas.

LE BRUN.

Allons, voilà qui est fait *(Il emporte les draps et l'échelle).*

ME. DENERÉE.

Je ne suis pas encore sans inquiétude.

LE CHEVALIER.

Vous verrez, à son réveil.

SCÈNE XV.

ME. DENERÉE, LE CHEVALIER, M. DESPREUILS, M. SOBRIN, ME. BABAS, LE BRUN.

LE BRUN.

Voilà Monsieur le Docteur.

M. SOBRIN.

Eh bien, notre malade ?

ME. DENERÉE.

Il dort, et je le crois hors d'affaire.

M. SOBRIN.

Cela doit être. Oh ! j'étais sûr de mon fait. Il faut le réveiller.

ME. BABAS.

Non, Monsieur ; laissez, je vous prie, reposer mon pauvre maître ; vous voudrez peut-être encore le saigner.

M. SOBRIN.

Non, je vous en donne ma parole d'honneur, d'ailleurs il ne doit plus en avoir besoin.

LE CHEVALIER.

Vous le croyez, Docteur ?

M. SOBRIN.

Quand je vous dis que j'en suis sûr. Allons, Monsieur Despreuils.

M. DESPREUILS.

Ah ! c'est vous, Docteur ?

M. SOBRIN.

Oui, c'est moi. Donnez-moi votre bras. Fort bien : il n'y a plus d'agitation.

M. DESPREUILS.

Ah ! Docteur, j'ai fait un terrible rêve.

ME. BABAS.

Ah ! s'il prend cela pour un rêve !

ME. DENERÉE.

Ne dites donc rien, Madame Babas.

M. DESPREUILS.

Je me suis cru mort.

M. SOBRIN.

Eh bien, vous ne le croyez plus ?

M. DESPREUILS.

Non, vraiment ; je me sens même assez de force.

M. SOBRIN.

C'est moi qui vous ai tiré de là.

M. DESPREUILS.

Vous ?

M. SOBRIN.

Oui, avec un températif que je vous ai fait donner.

M. DESPREUILS.

Je ne me souviens pas…

LE BRUN.

Je m'en souviens bien, moi.

M. SOBRIN.

Ne vous l'a-t-on pas remis pour le faire prendre à Monsieur Despreuils ?

LE BRUN.

Oui, Monsieur ; mais comme vous ne vouliez pas croire que c'était la diète qui l'avait mis dans l'état où il était, Madame Babas et moi nous lui avons fait manger une cuisse et une aile de poulet : il a bien dormi ; il se porte à merveille, et voilà votre températif que j'avais gardé dans ma poche.

M. SOBRIN.

Quoi ! vous l'avez fait manger ?

ME. BABAS.

Oui, Monsieur ; tenez, voilà les restes du poulet et du vin.

M. SOBRIN.

Et vous le croyez guéri ?

LE BRUN.

Assurément ; et vous en êtes convenu vous-même tout à l'heure.

M. SOBRIN.

Eh bien, je me suis trompé.

ME. BABAS.

C'est peut-être votre habitude.

ME. DENERÉE.

Docteur, vous convenez donc que Monsieur Despreuils…

M. SOBRIN.

Est fort mal.

M. DESPREUILS.

Moi fort mal ! *(Il se lève).* Je ne conviendrai pas de cela.

M. SOBRIN.

Voyez à quoi vous l'exposez.

M. DESPREUILS.

À te chasser, maudit ignorant.

M. SOBRIN.

Ceci est un peu fort ; un malade n'a jamais chassé un Médecin. Vous me rappellerez ; mais vous ne m'aurez pas quand vous voudrez.

ME. BABAS.

Ah ! tant mieux. Je voudrais bien ne le revoir jamais ici.

SCÈNE DERNIÈRE.

ME. DENERÉE, M. DESPREUILS, LE CHEVALIER,
ME. BABAS, LE BRUN.

LE BRUN.

J'espère, Monsieur, que vous serez plus content de votre nouveau médecin, et que si vous avez été fâché contre Monsieur le Chevalier pour vous avoir donné l'autre…

M. DESPREUILS.

Moi, j'ai été fâché contre le Chevalier ?

ME. DENERÉE.

Oui, mon oncle ; puisque vous avez mis dans votre testament que vous me déshériteriez, si jamais je voulais l'épouser.

M. DESPREUILS.

J'ai fait mon testament ?

ME. BABAS.

Oui, Monsieur.

M. DESPREUILS.

Et j'y ai mis cette clause ?

ME. DENERÉE.

Oui, mon oncle.

M. DESPREUILS.

Eh bien, je vais l'annuler par un bon contrat bien en forme, où je ne vous donnerai tout mon bien qu'à condition que vous l'épouserez sans différer.

ME. DENERÉE.

Ah ! mon oncle !

M. DESPREUILS.

Je n'ai jamais eu d'autre intention.

LE CHEVALIER.

Monsieur, toute la vie…

M. DESPREUILS.

Ne parlons point de remerciements. Laissez-moi aller m'habiller ; car je veux sortir et passer chez mon notaire.

LE BRUN.

Monsieur, nous avons fait un marché, Madame Babas et moi.

M. DESPREUILS.

Qu'est-ce que c'est ?

LE BRUN.

Qu'elle m'épouserait, si je vous guérissais.

M. DESPREUILS.

J'entends : c'est encore un autre contrat ; je m'en charge. Un vieux garçon n'a rien de mieux à faire que de marier tout ce qui l'entoure.

Explication du Proverbe :

84. Il faut savoir hurler avec les loups[18].

[18] Ce proverbe illustre la fable de La Fontaine « Le Loup et le Mouton ».

LE COMÉDIEN BOURGEOIS

Quatre-vingt-deuxième proverbe[1]

Édition de Marie-Emmanuelle Plagnol-Diéval

[1] Dans l'édition Lejay, 1774, tome VI. Figure également dans le tome 11 du *Recueil général des proverbes dramatiques en vers et en prose, tant imprimés que manuscrits*, Londres, Paris, chez les libraires qui vendent les nouveautés, 1785.

NOTICE

Le Comédien bourgeois, comme l'indique son titre, continue sa satire des travers de la société contemporaine de Carmontelle, cette fois envers la bourgeoisie de robe, non dans sa prétention littéraire comme dans *L'Avocat chansonnier* par exemple, mais dans son goût pour la théâtromanie ambiante, triomphante en cette seconde moitié du siècle. Au-delà de la comédie de mœurs qui épingle ce travers sur d'autres scènes, la mise en abyme et l'effet de miroir sont ici patents. Ils se doublent d'une scène de théâtre sur le théâtre puisque Robineau fils répète sur scène un extrait de *Britannicus* pour du théâtre de société, en suivant les conseils d'un professionnel comme le pratiquent nombre d'amateurs. La connivence culturelle avec les spectateurs-lecteurs est assurée à plusieurs niveaux. Le proverbe reprend une distribution classique de la comédie d'inspiration moliéresque. Le père et le fils s'opposent, non sur un mariage, mais sur la pratique du théâtre de société, et le père menace à deux reprises son fils de le faire enfermer à Saint-Lazare. Comme dans la tradition moliéresque, tout oppose le père et le fils, ce que le dénouement et le « mot » final ratifient par un constat désabusé : « A beau prêcher, qui n'a cœur de bien faire ». Le valet, à la différence de ses homologues traditionnels, ne prend pas parti et ne voit que surcroît de travail dans la théâtromanie du fils. Les références culturelles renforcent l'unité du groupe destinataire : argument classique du théâtre comme une aide à parler en public, référence au célèbre tragédien Lekain, répétition morcelée des scènes les plus célèbres de *Britannicus* en un filage dérisoire qui voit le jeune comédien s'adresser, dans une disconvenance grandissante, successivement, à son valet, à un fauteuil et enfin à la tête à perruque de son père, au lieu d'une Junie inspirante. La partie de répétition avec la tête à perruque peut d'ailleurs avoir été inspirée à Carmontelle par la pièce *La Tête à perruque ou Le Bailli* de Charles Collé, datée de 1757, publiée dans le *Théâtre de société*, Paris, Gueffier, 1768, qui recourt au même accessoire de manière plus appuyée, libre et grinçante dans une scène de tromperie conjugale. À nouveau, le proverbe offre aux acteurs amateurs des rôles de composition, surtout celui du fils Robineau, jeune homme certes désinvolte, assez mauvais tragédien qui se trompe sur son texte, mais poursuit sa passion. La pièce figure dans le recueil illustré de 103 dessins aquarellés par Carmontelle, conservé au Musée Condé de Chantilly[2]. Le dessin montre le père et le valet surprenant le jeune homme déclamant devant la tête à perruque.

M-E P-D.

[2] Numéro d'inventaire DE 1171-82. Autre numéro : Ms 394.

PERSONNAGES.

M. ROBINEAU[3], *Procureur. En robe de chambre, avec un bonnet de velours noir, puis après en habit noir.*

M. ROBINEAU, *le fils. En habit du matin, avec une canne, et point d'épée, cheveux noués.*

ÉTIENNE, *Laquais de Messieurs Robineau. Vieux, en veste, tablier blanc à bavette pointue, vieille perruque.*

La Scène est dans la chambre de M. Robineau, le fils.

---

[3] Sans être aussi explicite que certains patronymes qui renvoient directement à un métier ou à une caractérisation psychologique, le nom de Robineau évoque les métiers de la robe.

SCÈNE PREMIÈRE.

ÉTIENNE,
rangeant dans la chambre.

Voyez s'il reviendra ! J'ai toujours bien fait d'accommoder la perruque de son père, sans cela j'aurais couru risque d'être bien grondé. Car le père et le fils, c'est un train ! l'un veut une chose, l'autre veut le contraire ; les pères et les enfants ne s'accordent jamais ; ah, mon Dieu, mon Dieu, que j'ai bien fait de rester garçon[4] !

SCÈNE II.

M. ROBINEAU, ÉTIENNE.

M. ROBINEAU, *sans paraître.*

Étienne,

ÉTIENNE.

Bon, voilà le père qui crie après moi, présent.

M. ROBINEAU.

Étienne, Étienne.

ÉTIENNE.

On y va.

M. ROBINEAU, *en robe-de-chambre.*

Eh bien, qu'est-ce que tu fais ici ?

ÉTIENNE.

J'attends Monsieur votre fils.

---

4 Célibataire.

M. ROBINEAU.

Comment mon fils, où est-il allé ?

ÉTIENNE.

Je ne sais pas, Monsieur, je crois que c'est chez un Monsieur de la Comédie-Française.

M. ROBINEAU.

Pourquoi faire ?

ÉTIENNE.

Pour apprendre son rôle.

M. ROBINEAU.

Comment son rôle ! Est-ce qu'il joue la comédie ?

ÉTIENNE.

Oh, mon Dieu oui, que trop souvent.

M. ROBINEAU.

Trop souvent ?

ÉTIENNE.

Pour cela oui ; car il faut lui porter des habits de toutes les couleurs, et tout cela m'ennuie, me fait lever matin et coucher tard.

M. ROBINEAU.

Voilà donc pourquoi son agrégé[5] dit qu'il ne le voit point.

ÉTIENNE.

Cela peut bien être.

M. ROBINEAU.

Il fallait me le dire.

---

[5] *Agrégé* : « un Docteur en droit, dont la principale fonction est d'assister aux thèses et aux examens de droit », *Acad.* 1762.

ÉTIENNE.

Je croyais que vous le saviez.

M. ROBINEAU.

Et que je l'approuvais, n'est-ce pas ?

ÉTIENNE.

Moi, ce n'est pas mon affaire de savoir si vous l'approuvez ou non.

M. ROBINEAU.

Eh bien, tu le verras ; et s'il la joue encore et que tu ne m'en avertisses pas, je te chasserai.

ÉTIENNE.

Mais il me fera peut-être chasser aussi lui, si je vous rends compte de ce qu'il fait.

M. ROBINEAU.

Je ne serai pas le maître n'est-ce pas ? Songe à ce que je te dis.

ÉTIENNE.

Mais Monsieur…

M. ROBINEAU.

Allons, tais-toi. Je crois que je l'entends ; tu vas voir comme je vais lui laver la tête.

ÉTIENNE.

Ne dites pas que je vous ai dit…

SCÈNE III.

M. ROBINEAU, M. ROBINEAU, *le fils*, ÉTIENNE.

M. ROBINEAU.

Eh bien, Monsieur, d'où venez-vous comme cela ?

M. ROBINEAU, *le fils*.

Mon père, je viens…

M. ROBINEAU.

Je le sais.

M. ROBINEAU, *le fils*.

En ce cas-là…

M. ROBINEAU.

Croyez-vous que je veuille avoir un comédien dans ma famille.

M. ROBINEAU, *le fils*.

Mais, mon père, qui vous a dit que je veux me faire comédien ?

M. ROBINEAU.

Vous ne vous occupez pas d'autre chose.

M. ROBINEAU, *le fils*.

Mais, je croyais qu'à mon âge, on pouvait quelquefois s'amuser à jouer la comédie.

M. ROBINEAU.

Tout cela fait perdre du temps, vous étudiez des rôles, au lieu de faire votre droit.

M. ROBINEAU, *le fils*.

Mais mon père, vous voulez me faire avocat.

M. ROBINEAU.

Sans doute, par conséquent il faut savoir son droit, étudier les coutumes, les lois.

M. ROBINEAU, *le fils.*

Oui, mais il faut savoir bien parler en public.

M. ROBINEAU.

Et pour cela faut-il être comédien ?

M. ROBINEAU, *le fils.*

Je ne dis pas cela.

M. ROBINEAU.

Voilà pourtant ce que vous deviendriez, si je vous laissais faire.

M. ROBINEAU, *le fils.*

Je vous assure mon père…

M. ROBINEAU.

Je vous assure mon fils, que vous ne jouerez plus la comédie.

M. ROBINEAU, *le fils.*

Quoi, je ne pourrai pas quelquefois la jouer avec mes amis[6].

M. ROBINEAU.

Non, Monsieur, je ne veux pas laisser fortifier en vous ce goût-là ; en un mot, je ne veux pas avoir un comédien dans ma famille, encore une fois.

M. ROBINEAU, *le fils.*

Mais mon père…

---

6 Il s'agit donc bien de théâtre de société.

M. ROBINEAU.

Mais, c'est un parti pris, et je charge Étienne de me dire, si vous vous avisez de jouer davantage…

M. ROBINEAU, *le fils.*

Puisque vous ne le voulez pas…

M. ROBINEAU.

Prenez-y garde, je le saurai et je vous mettrai sur le champ à Saint-Lazare[7].

M. ROBINEAU, *le fils.*

Moi ?

M. ROBINEAU.

Oui, vous.

M. ROBINEAU, *le fils.*

Eh bien mon père, je ne jouerai plus.

M. ROBINEAU.

Songez-y bien. *(Il s'en va et revient.)* Vous me le promettez ?

M. ROBINEAU, *le fils.*

Oui, mon père.

M. ROBINEAU.

Nous verrons. *Il sort.*

---

[7] La prison Saint-Lazare, située dans les anciens bâtiments de la maison du même nom, est dès le XVIIe siècle une prison pour les épouses et les fils de famille enfermés à la demande des familles.

SCÈNE IV.

M. ROBINEAU, *le fils*, ÉTIENNE.

M. ROBINEAU, *le fils, d'un air occupé.*

Étienne ?

ÉTIENNE.

Monsieur.

M. ROBINEAU, *le fils.*

Tenez…

ÉTIENNE.

Voulez-vous vous habiller ?

M. ROBINEAU, *le fils.*

Non, pas encore.

ÉTIENNE.

C'est que j'ai affaire.

M. ROBINEAU, *le fils.*

Un moment. Tiens-toi là. *Il le place à la droite du théâtre.*

ÉTIENNE.

Pourquoi faire ?

M. ROBINEAU, *le fils.*

Tu seras Junie.

ÉTIENNE.

Junie ?

M. ROBINEAU, *le fils.*

Oui, moi, je fais Britannicus.

ÉTIENNE.

Ma foi vous ferez tout ce que vous voudrez ; mais il faut que je m'en aille.

M. ROBINEAU, *le fils.*

Je ne te demande qu'un instant ; c'est pour répéter une scène que Monsieur le Kain[8] vient de me montrer.

ÉTIENNE.

Quoi, c'est encore de votre comédie ?

M. ROBINEAU, *le fils.*

Ce n'est rien, te dis-je.

ÉTIENNE.

Après ce que vous avez promis à Monsieur votre père.

M. ROBINEAU, *le fils.*

Tu n'auras rien à dire.

ÉTIENNE.

Comment rien à dire ? Et si je ne lui dis pas que vous voulez toujours jouer la comédie, il me chassera.

M. ROBINEAU, *le fils.*

Mais je ne la jouerai pas, je ne veux que répéter.

ÉTIENNE.

Répéter, répéter…

M. ROBINEAU, *le fils.*

Oui, tiens-toi donc là, et ne parle pas.

---

[8] Henri-Louis Lekain (forme internationale BnF) (1729-1778), célèbre acteur tragique, admiré de Voltaire, œuvra avec Mlle Clairon pour la vraisemblance du costume et fut célèbre pour ses interprétations à la Comédie-Française des tragédies de Racine (dont Néron dans *Britannicus* en 1766) et de Voltaire.

ÉTIENNE.

Allons, mais…

M. ROBINEAU, *le fils.*

Tais-toi donc. Ah ça, voyons, j'entre par ici. *Il marche tragiquement, et il déclame.*

Madame, quel bonheur me rapproche de vous ?
Quoi ! je puis donc jouir d'un entretien si doux[9][10] ?

Ce n'est pas cela. *Il recommence.*

Madame, quel bonheur me rapproche de vous ?
Quoi ! je puis donc jouir…

Je suis trop près, recommençons. *Il se retourne pour s'éloigner, et Étienne se sauve. Il le suit.*

SCÈNE V.

M. ROBINEAU, *le fils.*

Étienne, Étienne, Étienne. *(revenant.)* Le coquin ne reviendra pas. Comment faire ? Si je ne répète pas cette scène pendant que je suis tout rempli de ce que m'a dit Monsieur le Kain, je me refroidirai. Essayons avec un fauteuil. *Il place un fauteuil où était Étienne, puis il s'éloigne et revient.*

Madame, quel bonheur me rapproche de vous ?
Quoi ! je pourrai[11] jouir d'un entretien si doux ?
Mais parmi ce plaisir, quel chagrin vous[12] dévore ?

---

[9] Les éditions du XVIIIe siècle indiquent ici « Vers de Racine dans *Britannicus* ».

[10] La tirade que répète le fils Robineau ouvre la célèbre scène entre Britannicus et Junie (Acte II, sc. 6) durant laquelle Néron écoute caché, dispositif que Junie ne peut révéler à son amant qu'à la scène 7 de l'acte III.

[11] Robineau fils se trompe : le texte racinien est « Je puis donc… »

[12] De même ici, le texte est « quel chagrin me dévore ! ».

Cela ne peut pas aller, il faut lire ce chagrin dans les yeux de Junie, il faut absolument parler à quelqu'un. Ce coquin d'Étienne ! Mais qu'est-ce qu'il a à faire ? *Il rêve.* Ah il me vient une idée. *Il sort, et il revient avec une tête à perruque, sur laquelle est la perruque de son père, qui est fort grande, et il place cette tête, où était le fauteuil.* Ah, fort bien, recommençons. Il s'éloigne et revient s'adressant à la tête à perruque.

Madame, quel bonheur me rapproche de vous ?
Quoi ! je puis donc jouir d'un entretien si doux ?

Cela va bien.

Mais parmi ce plaisir, quel chagrin vous[13] dévore ?
Hélas ! puis-je espérer de vous revoir encore ?
Faut-il que je dérobe, avec mille détours,
Un bonheur que vos yeux m'accordaient tous les jours ?
Quelle nuit ! quel réveil !…

Ce n'est pas cela.

Quelle nuit ! quel réveil ! vos pleurs, votre présence,
N'ont point de ces cruels désarmé l'insolence ?
Que faisait votre amant ? quel démon envieux,
M'a refusé l'honneur de mourir à vos yeux ?
Hélas, dans la frayeur dont vous étiez atteinte ?
M'avez-vous en secret adressé quelque plainte ?

Ceci n'est pas assez tendre.

M'avez-vous en secret adressé quelque plainte ?
Ma Princesse, avez-vous daigné me souhaiter ?
Songiez-vous aux douleurs que vous m'alliez coûter ?
Vous ne me dites rien ? quel accueil ! quelle glace !
Est-ce ainsi que vos yeux consolent ma disgrâce ?
Est-ce ainsi que…

[13] *Idem.*

Est-ce ainsi que vos yeux consolent ma disgrâce ?
Parlez. Nous sommes seuls. Notre ennemi trompé,
Tandis que je vous parle, est ailleurs occupé.
Ménageons les moments de cette heureuse absence[14].

Il faudra recommencer tout cela ; mais voyons les autres vers que j'ai eu tant de peine à dire. Comment donc est-ce qu'ils commencent ? *Il rêve.* Il est singulier que je ne me les rappelle pas. *Il cherche.*

SCÈNE VI.

M. ROBINEAU ET ÉTIENNE, *sans paraître.*
M. ROBINEAU, *le fils.*

M. ROBINEAU.

Allons donc Étienne, ma perruque ?

ÉTIENNE.

Eh, Monsieur, je la cherche.

M. ROBINEAU.

Qu'en as-tu donc fait ?

ÉTIENNE.

Elle était là sur la tête, dans le poudroir[15], et je ne trouve ni la tête ni la perruque.

M. ROBINEAU.

Mais il faut que je sorte.

---

[14] Ces trois derniers vers expriment l'ironie tragique de la scène : Britannicus étant le seul à ne pas être au courant de la situation de tiers caché de Néron, même si Junie tente de le prévenir : « Ces murs mêmes, Seigneur, peuvent avoir des yeux / Et jamais l'empereur n'est absent de ces lieux »

[15] Le poudroir désigne soit l'appareil pour pulvériser la poudre (les perruquiers se servaient d'un poudroir à soufflet) ou le lieu où l'on réalise l'opération.

ÉTIENNE.

Je ne comprends pas cela.

M. ROBINEAU.

Veux-tu bien la chercher.

ÉTIENNE.

Je ne fais pas autre chose.

M. ROBINEAU, *le fils.*

Je me souviens à présent, voyons. *À la tête à perruque.*

Ah, n'en voilà que trop ! c'est trop me faire entendre,
Madame, mon bonheur, mon crime, vos bontés.
Et savez-vous pour moi tout ce que vous quittez ?
Il se jette à genoux.
Quand pourrai-je à vos pieds expier ce reproche[16] ?

ÉTIENNE,

entrant avec Monsieur Robineau.

Eh, Monsieur, la voilà votre perruque, je savais bien qu'elle n'était pas perdue. *Il emporte la tête à perruque.*

M. ROBINEAU, *le fils.*

Eh, que fais-tu donc. *Il suit Étienne.*

M. ROBINEAU, *l'arrêtant.*

Quoi, Monsieur, malgré la promesse que vous venez de me faire, vous continuez à jouer la comédie, et avec ma perruque encore.

M. ROBINEAU, *le fils.*

Mon père…

[16] Ces vers de Britannicus se placent Acte III, sc. 7 après la révélation de Junie, juste avant l'arrivée de Néron (Junie : Que faites-vous ? Hélas, votre rival approche).

M. ROBINEAU.

Qu'avez-vous à dire, quand je vous prends sur le fait ? quoi, vous ne disiez pas là des vers à genoux et à ma perruque ? Je crois qu'il me ferait jouer moi-même, si je le laissais faire. Je vous en donnerai des perruques pour vous exercer.

M. ROBINEAU, *le fils.*

C'était pour la dernière fois.

M. ROBINEAU.

Mais voyez un peu, il faut bien avoir la rage de la comédie pour s'exercer avec ma perruque ! que cela vous arrive encore. Vous verrez que je vous tiendrai parole. À Saint-Lazare, oui Monsieur, vous irez je vous en réponds bien. Avec ma perruque !

M. ROBINEAU, *le fils.*

En vérité mon père…

M. ROBINEAU.

Que je n'entende plus parler de comédie, et allez-vous-en tout-à-l'heure, chez votre agrégé.

M. ROBINEAU, *le fils.*

Je m'en y vais.

M. ROBINEAU.

Mais voyez l'impudence, prendre ma perruque. *Il sort.*

M. ROBINEAU, *le fils,*
prenant sa canne et son chapeau.

Il vaut mieux aller répéter avec celle qui jouera Junie. Après tout ce train-là, je serai bien heureux si je n'ai pas oublié ce que Monsieur le Kain m'a dit.

Fin du quatre-vingt-deuxième Proverbe.

Explication du Proverbe :

82. A beau prêcher, qui n'a cœur de bien faire.

LES ENNUIS DE LA CAMPAGNE

QUATRE-VINGT-TREIZIÈME PROVERBE[1]

Édition de Marie-Emmanuelle Plagnol-Diéval

[1] Édition Lejay, 1781, tome VIII. Figure également dans le tome 4 du *Recueil général des proverbes dramatiques en vers et en prose, tant imprimés que manuscrits*, Londres, Paris, chez les libraires qui vendent les nouveautés, 1785.

NOTICE

Les Ennuis de la campagne font partie de ces pièces méta-textuelles chères au théâtre de société, rarement conçues seules, qui montrent une société d'amateurs s'apprêtant à jouer (comme dans *Deux Fêtes au lieu d'une* de Pierre Laujon) et servent de prologue introductif à une pièce. Ce proverbe remplit ces deux fonctions en sept scènes, avec un nombre régulièrement croissant de personnages sur scène (de deux à neuf). Il évoque une société de nobles à la campagne partagés entre conversations, chasse et préparatifs théâtraux. Il se clôt avec l'arrivée d'un comédien professionnel qui propose que sa troupe de comédiens handicapés joue la tragédie parodique *Criardus et Scandée*, pièce qui suit en effet ce proverbe.

La distribution et l'agencement des scènes obéissent à ce double but, inégalement réparti. Les cinq premières scènes présentent une société aristocratique dans son château selon le calendrier noble avec deux femmes, quatre hommes dont un abbé et deux domestiques dont un garde-chasse. Le proverbe illustre alors son titre et Carmontelle épingle ses personnages. La conversation des femmes roule sur les hommes, les maris, l'ennui à la campagne, les médisances et les jalousies. De leur côté, les hommes ne parlent que de chasse et de l'accident qui a blessé la chienne de l'un d'entre eux. L'abbé, un personnage fréquent dans les proverbes de Carmontelle, propose à la petite société un proverbe qui condense les caractéristiques du genre et de la pratique amateure : rapidité d'exécution, nombre de rôles correspondant au nombre de présents, rôles apparentés à des emplois (la coquette, la bavarde, l'homme qui danse et casse tout, l'irascible et le distrait). Les actrices ne s'intéressent qu'aux costumes et aux bijoux qu'elles pourront arborer, sans aucun souci de la pièce, ni d'une quelconque vraisemblance. Elles confondent personne et personnage (à propos du mari et de son rôle) et ne pensent qu'au mot du proverbe. Selon un procédé récurrent chez Carmontelle qui aime les accidents de communication, leur impatience leur fait constamment interrompre l'abbé qui ne peut expliquer son proverbe. L'absurdité du dialogue atteint un niveau supérieur dans la scène 4 qui entrecroise deux ensembles de répliques autour du proverbe en cours de présentation et de l'état de la chienne. Carmontelle pousse la situation de quiproquo au maximum dans la scène 5 avec un jeu de mot sur « estropié »/« estropiée » qui renvoie l'un au comédien, l'autre à la chienne, quiproquo dont on appréciera le comique transgressif. Les deux dernières scènes (6 et 7) voient arriver le comédien Tragiquin, directeur d'une troupe d'handicapés dont les noms au comique dépréciatif jurent avec les emplois tragiques (que renforceront les handicaps précisés dans la tragédie). Cette situation, non plus de théâtre de société, mais de théâtre au château, selon le topos bien connu de l'arrivée de comédiens professionnels, clôt le proverbe-prologue. Par une dernière pirouette sarcastique, la représentation annoncée de la tragédie à la place du proverbe tient moins à la noblesse invoquée du genre qu'à l'impréparation du proverbe et à la guérison de la chienne… La pièce figure dans le recueil illustré de 103 dessins aquarellés par Carmontelle, conservé au Musée Condé de Chantilly[2].

M-E P-D.

[2] Numéro d'inventaire DE 1171-93. Autre numéro : Ms 394.

PERSONNAGES.

ME. DE CLAIRAS.
ME. DE RESAN.
M. DE CLAIRAS.
LE CHEVALIER DE CORSI.
L'ABBÉ CONSERVE.
M. TRAGIQUIN[3], *Comédien.*
DUBOIS, *Valet-de-chambre.*
LA BRISÉE[4], *Garde-de-chasse.*

La Scène est à la campagne, chez M. de Clairas.

---

[3] Nom comique caractéristique de certains proverbes dramatiques.

[4] Le nom du garde-chasse évoque son activité car la brisée est la « branche que le veneur rompt aux arbres, ou qu'il sème dans son chemin, pour reconnaître l'endroit où est la bête, et où on l'a détournée », (*Acad.* 1762).

SCÈNE PREMIÈRE.

ME. DE CLAIRAS, ME. DE RESAN.

ME. DE RESAN.

Vous voyez bien, Madame de Clairas, que nous avons eu tort de nous presser de descendre dans le salon, puisqu'il n'y a personne.

ME. DE CLAIRAS.

Mais vous savez bien que voilà comme sont ces Messieurs ; ils se plaignent toujours qu'on ne peut pas nous tirer de nos chambres, et je voudrais savoir pourquoi faire ; car si nous travaillons[5], cela les ennuie.

ME. DE RESAN.

Oui, ils veulent qu'on ne soit occupée que d'eux, et ils ne font rien pour vous plaire ; je vous avoue que souvent les hommes m'impatientent.

ME. DE CLAIRAS.

Surtout les maris ; ils se croient en droit de vous contrarier sans cesse, et sur tout. Par exemple, ne trouvez-vous pas bien agréable d'être à la campagne par le temps qu'il fait ?

ME. DE RESAN.

Ces messieurs veulent chasser.

ME. DE CLAIRAS.

Oui, et pendant ce temps-là nous ne profitons pas de nos petites loges[6].

---

[5] À des ouvrages de dames.

[6] Les petites loges, construites à partir de 1756, sont louées au mois ou à l'année. Elles ont contribué à libérer le plateau.

ME. DE RESAN.

Si du moins ils cherchaient à nous amuser.

ME. DE CLAIRAS.

Bon ! ils y pensent bien : ils causent entr'eux.

ME. DE RESAN.

Et quand une fois ils ont entamé une conversation sur la guerre, il y a pour en mourir d'ennui.

ME. DE CLAIRAS.

Et la chasse donc ?

ME. DE RESAN.

Est-ce qu'ils n'y ont pas fait aller aujourd'hui l'Abbé Conserve.

ME. DE CLAIRAS.

J'ai cru qu'il s'était échappé pour aller dîner chez la Vicomtesse de Rose-Sèche[7], que je ne peux pas souffrir.

ME. DE RESAN.

Je pense bien comme vous. C'est une créature odieuse, avec toutes ses prétentions à l'esprit ; elle ne parle que de vers, décide de tous les ouvrages nouveaux, et elle ne fait jamais ce qu'elle dit.

ME. DE CLAIRAS.

L'Abbé l'aime à la folie, avec tout cela.

ME. DE RESAN.

Parce qu'elle lui trouve beaucoup d'esprit. J'ai pourtant vu un moment où il était brouillé avec elle.

---

[7] Le patronyme n'a ici semble-t-t-il d'autre fonction que de dévaloriser la femme en question.

ME. DE CLAIRAS.

C'est qu'elle avait trouvé mauvais des vers qu'il avait faits pour moi.

ME. DE RESAN.

Ah ! voilà ce que c'est. Il voulait s'en venger, et pour cela, il avait fait le plus mauvais logogriphe[8] du monde, qu'il voulait faire mettre dans le *Mercure* sous le nom de la Vicomtesse.

ME. DE CLAIRAS.

Cela aurait été délicieux ! A propos, il avait promis de nous faire un proverbe pour ce soir.

ME. DE RESAN.

Il y travaille peut-être. Ah ! voilà le Chevalier.

SCÈNE II.

ME. DE CLAIRAS, ME. DE RESAN, LE CHEVALIER.

ME. DE RESAN.

Chevalier, qu'avez-vous fait de l'Abbé Conserve ?

LE CHEVALIER.

Bon ! nous l'avions posté à merveilles[9] au coin du bois de Chersi, où même le sanglier a passé ; il s'est ennuyé de l'attendre, et il nous a laissés.

ME. DE CLAIRAS.

Il a bien fait.

---

[8] *Logogriphe* : « Sorte d'énigme qui consiste à prendre en différents sens les différentes parties d'un mot », (*Acad.* 1762). Le *Mercure* en publie régulièrement. Il existe une base de données en ligne *Les Énigmes de Mercure* qui rassemble les énigmes, logogriphes et charades versifiés du *Mercure galant* et du *Mercure de France*.

[9] À merveille, ou à merveilles : « Parfaitement, jusqu'à donner de l'admiration », (*Acad.* 1762).

LE CHEVALIER.

Point du tout ; car il l'aurait peut-être tué, et il aurait évité ce qui est arrivé à Clairas.

ME. DE CLAIRAS.

Comment donc ?

LE CHEVALIER.

J'étais à la croisée du chemin qui va au pont, Clairas était posté au poteau de la fontaine ; j'entends quelque chose qui me dépasse, que je ne vois pas, et qui va de son côté ; je lui crie : A toi, Clairas. Il tire, et c'est sur sa chienne.

ME. DE CLAIRAS.

Diane ?

LE CHEVALIER.

Oui vraiment.

ME. DE CLAIRAS.

J'en suis bien aise. Cette vilaine bête-là venait toujours s'étendre devant le feu, et elle nous infestait.

LE CHEVALIER.

Oh, mais ne vous réjouissez pas tant ; car ce ne sera rien.

ME. DE RESAN.

Quel malheur vous est-il donc arrivé ?

LE CHEVALIER.

Que nous avons manqué notre sanglier, qui, pendant que nous étions occupés de la chienne, a gagné le bois de Roumant.

ME. DE CLAIRAS.

Si ce n'est que cela, je ne m'en soucie guère.

ME. DE RESAN.

Mais l'Abbé, où est-il ?

LE CHEVALIER.

Dans sa chambre. Pendant que je m'habillais, je l'ai entendu qui faisait des éclats de rire !

ME. DE CLAIRAS.

Quoi ! tout seul ?

LE CHEVALIER.

Oui, vraiment. J'ai été voir à propos de quoi ; il m'a dit : Ne me troublez pas ; cela sera charmant, et il barbouille actuellement du papier avec une facilité incroyable.

ME. DE RESAN.

C'est apparemment le proverbe qu'il nous a promis.

LE CHEVALIER.

Oui ; car il m'a dit qu'il me faisait un rôle…

ME. DE CLAIRAS.

Toujours charmant, comme il dit ?

LE CHEVALIER.

Sûrement.

ME. DE RESAN.

Ah ! le voilà.

SCÈNE III.

ME. DE CLAIRAS, ME. DE RESAN, LE CHEVALIER, L'ABBÉ.

ME. DE CLAIRAS.

Eh bien, l'Abbé, le proverbe que vous nous aviez promis ?

L'ABBÉ.

Il est fait. Il sera charmant !

LE CHEVALIER.

Je vous l'avais bien dit, Mesdames.

ME. DE RESAN.

Voyons, voyons ce que c'est.

L'ABBÉ.

Mais c'est qu'il faudrait que ceux qui doivent y jouer fussent tous ici.

ME. DE CLAIRAS.

Qu'est-ce qu'il vous faut, l'Abbé ?

L'ABBÉ.

Mais vous, Mesdames, premièrement ; le Chevalier, Monsieur de Clairas, le Baron et moi ; je vous dis cela sera charmant !

ME. DE CLAIRAS.

Quel rôle me donnez-vous, à moi ?

L'ABBÉ.

Celui d'une coquette. C'est un rôle charmant !

ME. DE RESAN.

Et moi ?

L'ABBÉ.

Une vieille bavarde.

LE CHEVALIER.

Ce sera un rôle charmant, l'Abbé ?

L'ABBÉ.

Oui, charmant ! toi, un homme qui danse toujours, et qui casse tout.

LE CHEVALIER.

Fort bien. Et Clairas ?

L'ABBÉ.

Un homme de mauvaise humeur, que tout le monde impatiente.

ME. DE CLAIRAS.

Ce rôle-là est très bon pour mon mari.

L'ABBÉ.

Vous verrez s'il ne sera pas charmant ! le Baron sera un distrait.

ME. DE RESAN.

Ah çà, le fond du proverbe, qu'est-ce que c'est ?

L'ABBÉ.

Vous allez voir ; mais c'est qu'il faudrait attendre que tous ceux qui doivent jouer fussent ici.

ME. DE CLAIRAS.

Qu'est-ce que cela fait ?

ME. DE RESAN.

Dites-nous le mot du proverbe.

L'ABBÉ.

À bon entendeur salut. Je crois qu'il est charmant le mot ; hem, qu'en dites-vous ?

LE CHEVALIER.

Sans doute, charmant ! On peut faire beaucoup de choses là-dessus.

L'ABBÉ.

Ah ! pas tant.

ME. DE RESAN.

Dites donc, l'Abbé ? vous êtes odieux !

L'ABBÉ.

Ne vous fâchez pas. La coquette est à sa toilette.

ME. DE CLAIRAS.

L'Abbé, comment faudra-t-il que je sois habillée ?

L'ABBÉ.

Mais, comme on est à sa toilette.

ME. DE CLAIRAS.

Attendez, il faut savoir si j'ai mon peignoir de gaze.

L'ABBÉ.

Cela est égal.

ME. DE CLAIRAS.

Eh non, non, cela n'est pas égal. Chevalier, sonnez un peu ; qu'on me fasse venir Mademoiselle Julie.

L'ABBÉ.

Après que j'aurai fini, Madame, s'il vous plaît. Vous êtes donc à votre toilette.

ME. DE CLAIRAS.

Pourrais-je avoir un chapeau à l'Anglaise[10] ? je les aime à la folie.

---

[10] Albert Racinet cite en effet le chapeau à l'anglaise (p. 103, 104) et renvoie à la planche 388, *Le Costume historique : cinq cents planches, trois cents en couleurs, or et argent, deux cents en camaïeu, types principaux du vêtement et de la parure, rapprochés de ceux de l'intérieur de l'habitation dans tous les temps et chez tous les peuples, avec de nombreux détails sur le mobilier, les armes, les objets usuels, les moyens de transport, etc.*,

L'ABBÉ.

Mais, Madame, c'est que…

ME. DE CLAIRAS.

Ah ! je vous en prie, l'Abbé, qu'est-ce que cela vous fait ?

L'ABBÉ.

Mais tout. Vous mettez vos diamants.

ME. DE CLAIRAS.

Les vôtres sont mieux montés que les miens, vous me les prêterez, Madame.

ME. DE RESAN.

Sans doute.

ME. DE CLAIRAS.

Allons, l'Abbé, je mettrai donc ce chapeau que j'avais avant hier.

L'ABBÉ.

La Marquise de Roquentin arrive, et raconte une histoire, qui est précisément la vôtre.

ME. DE RESAN.

J'aurai un collet monté[11], l'Abbé, celui avec lequel j'ai joué la gouvernante dans *Le Magnifique*[12] ?

L'ABBÉ.

Mais non, Madame, on est habillé à la Française.

Paris, Firmin Didot, 1888 (3e partie, le Monde européen à partir du Moyen-Âge, planches 181 à 410).

[11] *Collet monté* : « Un collet où il y avait de la carte ou du fil de fer pour le soutenir, (*Acad.* 1762).

[12] *Le Magnifique*, comédie en deux actes et en prose d'Antoine de la Motte (forme internationale BnF), créée le 30 novembre 1731, comporte en effet un rôle de gouvernante.

ME. DE RESAN.

Oh, pardonnez-moi, je mettrai même une petite pointe noire[13], cela coiffe à merveilles.

L'ABBÉ.

Mais ce n'est point-là le costume.

ME. DE RESAN.

Je ne jouerai pas le rôle sans cela, d'abord.

LE CHEVALIER.

Mais, Mesdames, vous ne saurez jamais le proverbe, si vous l'arrêtez toujours.

ME. DE CLAIRAS.

C'est qu'il est nécessaire de savoir comment nous nous habillerons. Allons, finissez donc, l'Abbé.

L'ABBÉ.

Oh, mais vous ne savez encore rien. La coquette, qui ne se reconnaît pas d'abord, à ce que lui dit la bavarde, passe toutes les femmes de Paris en revue ; vous sentez que vous aurez là de quoi faire des portraits charmants !

ME. DE CLAIRAS.

Madame, si je mettais cette robe que vous savez ?

ME. DE RESAN.

Oui, sous un peignoir, le couleur de rose sera à merveilles. Moi, je mettrai ma robe capucine rayée de vert.

ME. DE CLAIRAS.

Elle aura l'air couleur de rose et vert à la lumière.

---

13 *Pointe* : « se dit encore absolument d'une pièce de coiffure de deuil que les femmes portaient autrefois sur leurs cheveux, et qui venait en forme de pointe jusques sur le front », (*Acad.* 1762).

ME. DE RESAN.

Vous avez raison ; je pense que j'en ai une autre qui sera très bien.

L'ABBÉ.

Mesdames, si vous voulez m'arrêter à chaque instant, je ne peux pas vous expliquer…

ME. DE CLAIRAS.

Nous vous entendons, continuez toujours.

LE CHEVALIER.

Attendez, l'Abbé, voici Clairas.

L'ABBÉ.

C'est bon. Si nous pouvions avoir le baron à présent.

SCÈNE IV.

ME. DE CLAIRAS, ME. DE RESAN, M. DE. CLAIRAS, LE CHEVALIER, L'ABBÉ.

ME. DE CLAIRAS.

Arrivez donc, Monsieur ; l'Abbé n'a qu'un cri après vous[14].

M. DE CLAIRAS.

Oui, c'est un joli sujet, il est cause que nous avons manqué notre sanglier.

ME. DE RESAN.

Allons, Monsieur de Clairas, laissez là votre chasse, et écoutez le proverbe de l'Abbé.

[14] « On dit familièrement, qu'*On n'a qu'un cri après une personne*, pour dire, qu'on la souhaite, qu'on l'attend avec impatience », (*Acad.* 1762).

M. DE CLAIRAS.

Et ma chienne sera peut-être estropiée encore.

ME. DE CLAIRAS.

Vous ne croyez donc pas qu'elle en mourra ?

M. DE CLAIRAS.

Je suis bien sûr que non.

ME. DE CLAIRAS.

En ce cas-là, c'est comme rien.

M. DE CLAIRAS.

Comment rien ? et si elle ne peut plus chasser ?

ME. DE CLAIRAS.

Oh ! je m'entends bien,.

M. DE CLAIRAS.

C'est-à-dire, que vous voudriez qu'elle fût morte ; c'est assez que je l'aime pour…

ME. DE RESAN.

Vous allez-vous quereller ? Nous n'avons pas de temps à perdre. L'Abbé, continuez donc.

L'ABBÉ.

J'en étais, je crois, à la conversation de la toilette.

M. DE CLAIRAS.

Encore le garde n'a su ce qu'il faisait ; il avait mis des éclisses[15] trop courtes.

---

[15] Éclisse : « Petit bâton plat que l'on couche le long de la fracture d'un bras, d'une jambe, etc. pour les tenir en état, et faire que les os puissent se reprendre », (*Acad.* 1762).

L'ABBÉ.

Madame de Roquentin dit donc à la coquette…

M. DE CLAIRAS.

Ils n'ont jamais voulu aller chercher le Père de l'assemblée[16], qui s'y entend mieux qu'eux tous.

ME. DE RESAN.

Quoi ! c'est toujours votre chienne qui vous occupe ?

M. DE CLAIRAS.

Je parie qu'on vient me dire que tout cela va à la diable[17]. La peste soit des gens !

SCÈNE V.

ME. DE CLAIRAS, ME. DE RESAN, M. DE. CLAIRAS, LE CHEVALIER, L'ABBÉ, DUBOIS.

ME. DE CLAIRAS.

Hé bien, qu'est-ce qu'il y a, Dubois, sera-t-elle estropiée ?

DUBOIS

Estropié, Madame, sûrement.

M. DE CLAIRAS.

Qu'est-ce que tu dis ? Il m'avait assuré que non.

DUBOIS

Vous allez voir, Monsieur.

M. DE CLAIRAS.

Comment, voir ?

---

16 *Assemblée* : « en matière de chasse, se dit du lieu où se rendent les chasseurs, et où ils déjeunent avant que d'aller au laisser-courre », (*Acad.* 1762).

17 Pour manquer, échouer.

DUBOIS

Que je ne me trompe pas. Il n'a point de bras.

M. DE CLAIRAS.

Qui ?

DUBOIS

Un Monsieur qui vous demande ; c'est un drôle de corps toujours.

M. DE CLAIRAS.

Je crois qu'il est devenu fou.

DUBOIS

Je le crois aussi. Il a une canne.

M. DE CLAIRAS.

Une canne ?

DUBOIS

Oui, Monsieur, et un manchon.

M. DE CLAIRAS.

Qui donc ?

DUBOIS

Il est là : si vous voulez je le ferai entrer.

M. DE CLAIRAS.

Je n'y comprends rien, et il m'impatiente avec ses ris immodérés.

DUBOIS

Dame, Monsieur, ce n'est pas ma faute.

ME. DE CLAIRAS.

Faites entrer, au lieu de vous fâcher.

ME. DE RESAN.

Sans doute ; Madame de Clairas a raison, vous saurez ce que c'est.

M. DE CLAIRAS.

Allons, fais ce que ces Dames veulent.

DUBOIS.

Vous allez voir. Entrez, Monsieur. *(Il rit.)*

SCÈNE VI.

ME. DE CLAIRAS, ME. DE RESAN, M. DE. CLAIRAS, LE CHEVALIER, L'ABBÉ, M. TRAGIQUIN, *sans bras, avec un manchon et une canne attachée à sa boutonnière*[18].

M. DE CLAIRAS.

Qu'est-ce qu'il y a, Monsieur, que demandez-vous ?

M. TRAGIQUIN.

Monsieur, j'ai l'honneur de me présenter à vous pour vous offrir mes services.

M. DE CLAIRAS.

Et quel homme êtes-vous ?

M. TRAGIQUIN.

Monsieur, je suis comédien ; et comme nous passons ici avec toute la troupe, nous serions très flattés si nous pouvions avoir l'honneur d'amuser l'honorable compagnie qui est dans ce château.

[18] Tragiquin joue « Criardus, prince corinthien, sans bras, gesticulant avec jambes » dans la tragédie annoncée.

LE CHEVALIER.

Est-ce vous, Monsieur, qui êtes le directeur ?

M. TRAGIQUIN.

Oui, Monsieur, à vous servir.

ME. DE RESAN.

Monsieur, qu'est-ce qui fait les premiers rôles dans votre troupe ? est-ce un homme bien fait, de jolie figure ?

M. TRAGIQUIN.

Oui, Madame, c'est moi.

LE CHEVALIER.

Eh ! comment faites-vous pour jouer la comédie sans bras ? Cela doit être curieux.

M. TRAGIQUIN.

Ah ! Monsieur, rien n'est plus aisé ; c'est l'habitude qui fait tout. Dans notre troupe, nous sommes tous invalides.

LE CHEVALIER.

Invalides ?

M. TRAGIQUIN.

Oui, Monsieur.

L'ABBÉ.

Et vos actrices, sont-elles jolies ?

M. TRAGIQUIN.

Monsieur l'Abbé, à quelques petits défauts près, ces dames ne sont pas indifférentes.

ME. DE CLAIRAS.

Monsieur, comment vous appelez-vous ?

M. TRAGIQUIN.

Tragiquin, Madame, à vous obéir.

LE CHEVALIER.

Quels sont les autres acteurs, Monsieur Tragiquin ?

M. TRAGIQUIN.

Monsieur, nous avons Mademoiselle Pleuremiette pour les princesses et les grandes amoureuses ; Monsieur Pansard pour les rois et les paysans, et Monsieur Nazillard pour les confidents et les valets[19].

ME. DE CLAIRAS.

Monsieur, pourriez-vous nous donner quelque chose aujourd'hui ?

M. TRAGIQUIN.

Oui, Madame, vous n'avez qu'à ordonner.

ME. DE RESAN.

Je meurs d'envie de les voir ; mais je voudrais du tragique.

M. TRAGIQUIN.

Rien n'est plus aisé, Madame.

M. DE CLAIRAS.

Une tragédie serait bien longue.

M. TRAGIQUIN.

Monsieur, nous en avons une en un acte, que vous ne connaissez peut-être pas.

[19] On peut supposer d'après leur invalidité et la liste des acteurs de la tragédie que les acteurs nommés jouent respectivement « Scandée princesse corinthienne, aveugle menée par un chien » ; « Poignardin, roi de l'île de Chypre, jambe de bois et deux béquilles » ; « Trotas confident de Criardus, cul-de-jatte ». Par ailleurs, les noms sont d'un comique dévalorisant : Pleuremiette (qui pleure une miette dans le sens familier de « un peu »), Pansard (qui a une grosse panse) et Nazillard pour nasillard.

LE CHEVALIER.

Comment l'appelez-vous ?

M. TRAGIQUIN.

Criardus et Scandée[20], Monsieur.

L'ABBÉ.

Vous avez raison, je ne connais pas cela.

M. TRAGIQUIN.

Elle est du célèbre Monsieur André le Perruquier, qui a fait *Le Tremblement de terre de Lisbonne*[21].

ME. DE RESAN.

Ah ! Monsieur de Clairas, il faut qu'ils nous donnent cette pièce-là ce soir.

M. DE CLAIRAS.

Et vous avez le proverbe de l'Abbé.

ME. DE RESAN.

Personne ne le sait, nous le jouerons demain ; nous aurons plus de temps pour nous préparer. Je vous en prie.

M. DE CLAIRAS.

Si vous étiez sûre que cela fût bon encore…

---

[20] Tragédie parodique de Carmontelle, Proverbe XCIV, mettant en scène Poignardin, Scandée, Criardus, Trotas et des gardes, tous « estropiés », dont le mot est : « Chacun joue de son reste »…

[21] Il s'agit de Jean-Henri Marchand, avocat, censeur royal, poète et polygraphe (BnF) qui a pour pseudonymes André perruquier, Beaumont coiffeur, auteur de tragédies dont *Le Tremblement de terre de Lisbonne* (1755) et peut-être *Le Vidangeur sensible* (attribué à Jean-Henri Marchand et Pierre-Jean-Baptiste Nougaret). Voir *Paradrames] : parodies du drame, 1775-1777* / introd. et notes de Martine de Rougemont ; [publ. par la] Société française d'étude du XVIIIe siècle, Saint-Étienne, Publications de l'Université de Saint-Étienne, 1998 et *Voltairomania : l'avocat Jean-Henri Marchand face à Voltaire* / textes réunis et présentés par Anne-Sophie Barrovecchio, Saint-Étienne, Publications de l'Université de Saint-Étienne-Jean Monnet, 2004.

M. TRAGIQUIN.

Monsieur, Monseigneur l'Intendant de, de… j'ai oublié son nom, nous l'a fait jouer trois fois de suite.

M. DE CLAIRAS.

Cela prouve beaucoup.

ME. DE RESAN.

Allons, dites donc, Monsieur de Clairas ?

M. DE CLAIRAS.

Un moment, je vous prie, Madame, voilà peut-être des nouvelles de ma chienne.

SCÈNE DERNIÈRE.

LES ACTEURS PRÉCÉDENTS, LA BRISÉE.

M. DE CLAIRAS.

Eh bien, qu'est-ce qu'il y a, la Brisée ?

LA BRISÉE.

Monsieur, le Père de l'assemblée a visité Diane ; il ne lui a trouvé rien de cassé, et il dit que dans deux jours elle ne boitera seulement pas.

M. DE CLAIRAS.

Est-il encore ici ?

LA BRISÉE.

Oui, Monsieur.

M. DE CLAIRAS.

Je m'en vais lui parler.

ME. DE RESAN.

Monsieur de Clairas, en réjouissance de la santé de votre chienne, nous aurons la tragédie, n'est-ce pas ?

M. DE CLAIRAS.

Madame, je n'ai rien à vous refuser. *(Il sort avec la Brisée.)*

ME. DE CLAIRAS.

Monsieur Tragiquin, allez-vous apprêter, faites-vous conduire au théâtre, et demandez tout ce dont vous aurez besoin.

LE CHEVALIER.

Je vais lui faire parler au concierge.

ME. DE CLAIRAS.

Vous ferez bien, Chevalier. L'Abbé, nous jouerons demain votre proverbe.

L'ABBÉ.

La tragédie, Madame, doit toujours avoir le pas.

ME. DE RESAN.

Allons, Madame, allons annoncer cette représentation à tout le monde.

Explication du Proverbe :

93. On s'amuse comme on peut.

ANNEXE I

Carmontelle, *Proverbes dramatiques*, vol. I, Paris, Merlin, 1768, p. 3-7.

AVERTISSEMENT DE L'ÉDITEUR.

Ce que l'on donne ici au public n'est autre chose qu'une partie d'un manuscrit trouvé dans les rues de Paris, la nuit, et dont l'adresse était entièrement effacée. On l'a annoncé en vain plusieurs fois dans les petites Affiches, et personne ne l'a réclamé ; l'on a vu seulement qu'il était adressé à une Dame qui est en Province ; ainsi il lui parviendra par la voie de l'impression.

Ce qui a déterminé l'Éditeur de cet Ouvrage, c'est le goût qu'il paraît que beaucoup de personnes ont pris à voir jouer des Proverbes, et même à en jouer. L'on en trouvera ici qui ont été représentés quelquefois dans différentes Sociétés.

En parcourant la lettre que l'auteur écrivait à la dame, à qui il adressait ce Recueil, on verra pourquoi l'auteur a dialogué ces proverbes. Il y dit aussi pourquoi ils ne sont pas écrits avec plus de soin. S'ils réussissent vis-à-vis du public, on lui donnera tout ce que contient le manuscrit trouvé.

LETTRE DE L'AUTEUR, À MADAME DE ***.

J'arrive de la campagne, Madame, où vous savez que j'ai été obligé de passer plusieurs mois, et presque tout seul, surtout les soirées et pendant l'Hiver. J'étais déterminé à lire beaucoup ; mais le désir de faire une chose qui pût répondre exactement aux questions que vous m'avez faites dans vos lettres, où vous m'avez demandé ce que c'est que des Proverbes, m'a fourni un genre d'occupation, qui ne m'a pas laissé un instant de vide. Je vais donc avoir l'honneur de vous rendre compte, dans ce Recueil, des Proverbes que l'on joue à Paris, dans quelques Sociétés, et de la manière dont on les joue.

Votre curiosité sur ce sujet, Madame, m'a fait croire, que vous seriez bien aise de procurer cet amusement à ceux qui ont le bonheur de vous faire leur cour. Je serais charmé de seconder vos intentions, et de leur faire naître le désir d'en jouer devant vous, pour que vous en puissiez mieux juger.

Vous saurez, Madame, que l'on choisit un sujet, qui forme plusieurs scènes d'une action, que le titre de ces scènes doit être un Proverbe. Il n'y a presque pas de Comédie à laquelle on ne pût donner un Proverbe pour titre, si l'on voulait. On dirait du *Joueur*, promettre et tenir sont deux. Du *Philosophe marié*, un peu de honte est bientôt passée, *etc.*

Le Proverbe Dramatique est donc une espèce de Comédie, que l'on fait en inventant un sujet, ou en se servant de quelques traits, quelques historiettes, *etc.* Le mot du proverbe doit être enveloppé dans l'action, de manière que si les Spectateurs ne le devinent pas, il faut lorsqu'on le leur dit, qu'ils s'écrient : ah ! c'est vrai : comme lorsqu'on dit le mot d'une énigme, que l'on n'a pu trouver.

Le Proverbe Dramatique est très agréable quand il y a beaucoup de gaité ; mais il ne l'est pas moins quand l'action est intéressante, surtout si l'on y joint la vérité du Jeu. Cette vérité est ce qui fait le plus de plaisir dans cette sorte d'amusement, et c'est ce que possèdent parfaitement plusieurs dames, à qui j'en ai vu jouer à Paris.

Les sujets pris dans les Sociétés ordinaires, donnent une grande facilité pour le Jeu. Toutes les fois que l'on sait ce que l'on a à dire, quand on parle à quelqu'un, on le dit sans penser au ton que l'on donnera à chaque mot ; parce qu'on ne sait que le fond de la scène et non les phrases qu'on emploiera ; ainsi, tous les tons et toutes les manières seront toujours vrais, quand on aura bien saisi le caractère que l'on voudra rendre, Il existe tant de modèles vivants dans tous les genres, qu'il s'en présentera en foule à l'imagination, En s'habillant selon les rôles, les proverbes feront plus piquants.

Quand le Proverbe est composé d'un certain nombre de scènes, il n'y a pas de mal de faire un canevas dans sa tête ou par écrit ; c'est ce que les Italiens appellent scénario. On le divise par scène et l'on y explique ce qui fait le fond de chaque scène. C'était de ces espèces de canevas, Madame, que j'avais projeté de vous envoyer ; j'en avais ramassé beaucoup, et je me promettais d'en faire aussi d'après plusieurs idées qui me sont venues. Après avoir fait un certain nombre de ces canevas, je les ai trouvés froids et peu propres à vous amuser. J'ai essayé de les dialoguer pour vous donner des idées plus complètes de la manière dont il faut jouer les Proverbes. Dans ces dialogues, je n'ai cherché à mettre le ton de la conversation, et je ne me suis point appliqué à faire de belles phrases ; parce qu'il n'en faut point faire en jouant les proverbes : ce qu'il y a d'essentiel ; c'est que chaque acteur parle suivant le genre de son rôle ; ainsi, ce n'est pas du style que vous trouverez ici ; mais un grand désir d'avoir le ton de la vérité.

Si les personnes avec qui vous vivez, Madame, veulent jouer des proverbes ; s'ils n'en inventent pas et qu'ils veulent essayer de ceux-ci, qu'ils s'assemblent, distribuent les rôles et lisent le proverbe qu'ils choisiront ; mais qu'après ils ne le revoient plus : ils joueront de tête très bien et avec la plus grande vérité. S'ils apprenaient les scènes, cela pourrait devenir plus froid que de mauvaises comédies mal jouées.

Je m'aperçois, Madame, que sans y penser, j'ai fait une espèce de Préface ; c'est sans doute commencer par être ennuyeux ; trop heureux si je ne finis pas de même ! ce serait bien maladroitement m'éloigner du but où j'aspire, qu'est celui de vous plaire, *etc.*

Nota. J'ai donné un titre à chaque Proverbe, et je n'ai mis les mots des proverbes qu'à la fin ; pour qu'on puisse les deviner en les lisant.

LETTRE

D'un Amateur de Proverbes, en Province, à l'Auteur.

NOUS jouons ici vos Proverbes, Monsieur, avec beaucoup de succès ; j'ose le dire parce que je suis un de ceux dont le talent les font le moins valoir, et que ce n'est pas de moi que je parle ; mais comme je les aime beaucoup, je puis vous assurer que nous vous devons l'amusement de toutes nos soirées. Nous voudrions vous avoir encore une obligation ; ce serait de nous tirer de l'embarras où nous sommes pour les habillements, ce qui nous fait souvent passer le temps à disputer, au lieu de nous amuser. Nous avons même un disputeur très opiniâtre, parmi nous, qui serait un excellent correcteur pour vos Proverbes. Faites-nous donc le plaisir de nous indiquer la manière dont il faut que les personnages de vos Proverbes soient habillés, pour terminer tous nos débats.

Une de nos meilleures actrices prétend qu'il faut que les soubrettes, que vous appelez femmes de chambre, aient de petits tabliers de gaze courts, et d'après cela, elle en a fait faire de toutes les couleurs ; celles qui font les amoureuses, empruntent tous les diamants de la Ville. Les amoureux veulent avoir des gants blancs. Toutes les femmes ne jouent point sans avoir toujours de très gros bouquets, et l'on met jusqu'aux valets de chambre en habits de livrée ; cependant nous voyons ceux de M. l'Intendant, qui sont galonnés en or et en argent, qui sont très piqués qu'on les représente de cette manière. J'ai soutenu qu'en s'habillant ainsi, on s'éloignait entièrement de la vérité que vous demandez dans vos proverbes, et c'est ce qui m'a fait désirer d'avoir votre sentiment pour autoriser les représentations que je fais sans cesse, et auxquelles le disputeur ne se rend jamais. Faites-le donc taire, Monsieur, si vous voulez que rien n'altère le plaisir que nous vous devons, et dont je suis chargé de vous faire mille remerciements au nom de toute la troupe. Je suis très-aise d'avoir cette occasion de vous assurer, *etc.*

D'après cette Lettre, on s'est cru obligé dans cette édition, d'indiquer les habillements, ce que bien des gens trouveront peut-être ridicule : mais comme il faut contenter tout le monde ; ceux qui n'ont pas besoin de ces instructions ne les liront pas.

Quand il n'y aura rien d'indiqué ; c'est que cela ne sera pas nécessaire, et l'on verra aisément pourquoi.

Cette édition complète forme en tout six Volumes, contenant quatre-vingt-deux Proverbes ; les *Amusements de Société* faisant partie de cet ouvrage, à qui on avait donné mal-à-propos, un autre titre, à la sollicitation du Libraire.

On trouvera chez le même Libraire, les parties séparées de cet Ouvrage, dont on pourrait avoir besoin pour le compléter ; et le Théâtre du Prince Clenerzow, Russe.

ANNEXE II

Proverbes dramatiques de Carmontelle, précédés de la Vie de Carmontelle, d'une Dissertation historique et morale sur les proverbes, etc., vol. I, par M. C de Méry, Chevalier de la Légion d'Honneur, Paris, Delongchamps, 1822, p. V-XVII.

AVIS DE L'ÉDITEUR

Un abrégé d'un bon livre, dit quelque part Montaigne, est un sot livre ; c'est ce qui m'a engagé à donner une édition complète des Proverbes dramatiques de Carmontelle. Je m'épargnerai la peine de faire une préface, attendu qu'il est de fait que la préface est ordinairement l'éloge d'un livre, et que l'ouvrage de Carmontelle n'en a pas besoin. Il se recommande assez de lui-même, et par l'agrément qu'il renferme, et par le plaisir qu'il procure aux lecteurs ; d'ailleurs, une des meilleures preuves de la réputation d'un tel livre, est la facilité de son débit. J'ai cru rendre service au public en lui offrant une nouvelle édition des proverbes dramatiques ; je le fais avec d'autant plus de raison, qu'ils sont recherchés du public, qu'ils sont en outre devenus fort rares, que les VIIe et VIIIe volumes sont presque introuvables dans le commerce de la librairie, et qu'ils sont d'un prix auquel la classe la moins fortunée des littérateurs ne peut atteindre. Ces différents motifs m'ont encouragé dans mon entreprise. J'ai mis tous mes soins à rendre cette édition-là plus correcte possible. Je désire de plus que les accessoires dont je l'ai augmentée puissent lui donner quelque prix. Si le succès couronne mon entreprise, je me trouverai heureux du service que j'aurai pu rendre aux amateurs de la comédie, aux auteurs et aux acteurs. Tous y puiseront, comme à une source abondante, des données dramatiques qui pourront se prêter à un plus grand développement, et qui ouvriront à leur imagination une carrière dont Carmontelle n'a fait que préparer l'entrée. J'aurai atteint mon but, si je puis faire passer dans l'âme des lecteurs cette estime que m'ont inspirée le talent d'observation et les qualités personnelles de Carmontelle, qui a passé sa vie à mettre en pratique cette maxime devenue si rare aujourd'hui : Instruire et plaire.

VIE DE CARMONTELLE

Carmontelle naquit à Paris le 25 août 1717. À peine ses dispositions naturelles furent-elles développées par l'étude, que la facilité de son esprit le fit bientôt connaître dans le monde littéraire. Il s'adonna à un genre tout particulier, qui demande de la finesse, du tact et de la pénétration ; et il faut avouer qu'en ce genre, personne ne l'a encore surpassé. Ses proverbes dramatiques, fruits d'un esprit observateur, sont devenus une mine féconde à exploiter pour beaucoup d'auteurs de profession, qui savent mieux remplir un canevas tout formé, qu'inventer un sujet ; bien que le fond de ces proverbes soit léger, ils attachent cependant par le choix du sujet, par la singularité des personnages ; ils plaisent surtout aux esprits paresseux par la brièveté des scènes et de l'action. Si l'auteur y retrace souvent les mœurs populaires, il fait aussi mouvoir parfois le jeu des passions dans des rangs plus élevés : l'esprit des salons, la coquetterie, les effets de l'amour-propre, de l'orgueil, de la vanité y sont dépeints avec la couleur caractéristique de la vérité. Il soulève un coin seulement du rideau qui cache le naturel du peuple, du bourgeois, de l'homme de qualité ; et son esprit légèrement observateur, en effleurant la surface d'un objet, donne au sujet qu'il traite un coloris suffisant pour le faire bien connaître ; ce qui est profond est loin de lui, mais dans son genre il a su plaire, et s'il y a un défaut dans son dialogue, c'est de tomber quelquefois dans la trivialité en s'efforçant d'être naturel. Telle était la fécondité de son imagination, que la composition d'une pièce de théâtre en un ou deux actes, le développement des caractères, d'après les données qu'on lui fournissait, étaient pour lui l'affaire d'une matinée : aussi a-t-il laissé un grand nombre de manuscrits qui auraient pu former une centaine de volumes.

Le baron de Grimm, homme de goût et parfaitement instruit dans la langue française, quoiqu'étranger, tout en rendant justice à la fécondité de l'imagination de Carmontelle, passe en revue ses principaux défauts. Sa critique est sévère, mais équitable ; en homme d'esprit il a su la proportionner à la légèreté du sujet, et rendre justice au talent de Carmontelle. Voici le jugement qu'il en porte dans sa correspondance : « M. de Carmontelle, lecteur de monseigneur le duc de Chartres, a voulu réduire les amusements de la société et les facéties en système. C'est lui qui, le premier, a publié des proverbes dramatiques, et depuis ce temps-là, plusieurs rivaux de sa gloire en embellissent le *Mercure* tous les mois. Cependant ce qui rend les proverbes supportables en société, c'est la verve et la chaleur avec lesquelles les acteurs improvisent, et qui disparaissent quand ils recèlent des choses apprises par cœur ; et puis le dénouement est presque toujours froid et plat parce que les auteurs proverbiaux ne se donnent pas la peine d'amener leurs proverbes d'une manière ingénieuse et piquante. Carmontelle n'est pas seulement en ce genre d'une fécondité prodigieuse, mais il a encore composé un bon nombre de comédies, qu'il regarde comme des pièces de société ; il est lui-même auteur passable, il dessine fort bien pour un homme dont ce n'est pas le métier ; il a du goût, et c'est un des ordonnateurs de fêtes de société le plus employé à Paris.

Ses proverbes et ses comédies n'ont qu'un défaut, c'est d'être plats ; car d'ailleurs, il a de *la vérité dans ses caractères et du naturel dans son dialogue ; il saisit bien les ridicules, et il a assez de causticité dans l'esprit pour les bien rendre ;* mais il croit qu'on n'a qu'à les transporter sur la scène, comme on les a remarqués dans le monde ; et ce n'est pas cela : il faut encore cette petite pointe de poésie et de verve qui fait que ce qui est insipide en nature, devient exquis et piquant dans l'imitation. Vous copieriez tout le dictionnaire de nos élégants à faux airs, et toutes les minauderies de nos femmes les plus à la mode, avec la dernière exactitude, que vous ne produiriez pas d'effet. L'air, le ridicule qui vous a choqué ou amusé dans le monde, ne vous paraîtra que fastidieux sur la scène, quand il n'est pas renforcé par le génie du poète. »

Au talent de mettre en scène les petits travers de la société, il joignait un autre talent qui servait admirablement bien les ressources de son imagination. Il peignait et dessinait avec goût, ce qui lui procura le plaisir de tracer les portraits de presque tous les personnages du siècle qui se sont signalés par leurs talents et illustrés dans la carrière des sciences et des lettres. Quelques-uns de ces portraits, gravés d'après ses tableaux et ses dessins, ornent les ouvrages du baron de Grimm et de madame du Deffand. Son esprit fécond ne pouvait rester oisif, et pour charmer les moments qu'il dérobait à l'étude, composait des transparents, c'est-à-dire, des espèces de tableaux mouvants, représentant les scènes variées de la vie, et des paysages tracés sur du papier très fin et posés sur châssis, et procurait ainsi aux admirateurs de ses talents dramatiques, des sujets échappés à la facilité de son pinceau ou de son crayon ; il déroulait aux yeux des spectateurs une série de tableaux remarquables par leur développement, qui avait quelquefois jusqu'à cent et cent soixante pieds de long ; il en trouvait plus souvent le sujet dans ses proverbes mêmes, ce qui devait ajouter à leur célébrité. Voici ce que dit le baron de Grimm sur le talent de Carmontelle pour le dessin : « Il faut remarquer les révolutions favorables aux arts, comme celles qui contribuent à leur corruption et à leur perte ; la bizarrerie dans les ornements, dans les décorations, dans les dessins et les formes de bijoux, était arrivée à son comble en France, il fallait en changer à chaque instant, parce que ce qui n'est point raisonné, ne peut plaire que par la nouveauté. Depuis quelques années, on a recherché les ornements et les formes antiques ; le goût y a gagné considérablement, et la mode en est devenue si générale, que tout se fait aujourd'hui à la grecque. La décoration extérieure et intérieure des bâtiments, les meubles, les étoffes, les bijoux de toute espèce, tout est à Paris à la grecque. Ce goût a passé de l'architecture dans les boutiques de nos marchandes de modes : nos dames sont coiffées à la grecque, nos petits-maîtres se croiraient déshonorés de porter une boite qui ne fût pas à la grecque. Cet excès est ridicule, sans doute, mais qu'importe si l'abus ne peut s'éviter ! il vaut mieux qu'on abuse d'une bonne chose que d'une mauvaise. Quand le goût grec deviendrait la manie de nos perruquiers et de nos cuisiniers (car enfin il faudra bien que d'aussi grands Grecs que nous, soient poudrés et nourris à la grecque), il n'en sera pas moins vrai que les bijoux qu'on fait aujourd'hui à Paris, sont d'un très bon goût, que les formes en sont belles, nobles et agréables, au lieu qu'elles étaient toutes arbitraires, bizarres et absurdes, il y a dix ou douze ans. »

M. de Carmontelle, lecteur de monseigneur le duc de Chartres, qui dessine avec beaucoup d'esprit et de goût, a voulu se moquer un peu de la fureur du goût grec, en publiant un projet d'habillement d'homme et de femme, dont les pièces sont imitées d'après les ornements que l'architecture grecque emploie le plus communément dans la décoration des édifices ; ces deux petites estampes auraient pu fournir l'idée d'une mascarade pour les bals du carnaval : c'est une très bonne plaisanterie qui a été copiée tout de suite par des singes qui ne savent que contrefaire ; ils ont publié une suite d'habillements à la grecque, sans esprit et d'un goût détestable. M. de Carmontelle se fait depuis plusieurs années un recueil de portraits dessinés au crayon et lavés en couleur de détrempe ; il a le talent de saisir singulièrement l'air, le maintien, l'esprit de la figure, plus que la ressemblance des traits. Il m'arrive tous les jours de reconnaitre dans le monde des gens que je n'ai jamais vus que dans ses recueils. Ces portraits de figures, toutes en pied, se font en deux heures de temps avec une facilité surprenante. Il est ainsi parvenu à avoir le portrait de toutes les femmes de Paris, de leur aveu. Ses recueils, qu'il augmente tous les jours, donnent aussi une idée de la variété des conditions, des hommes et des femmes de tout état, de tout âge, s'y trouvent pêle-mêle, depuis monseigneur le Dauphin jusqu'au frotteur de Saint-Cloud. Plusieurs de ces portraits ont été gravés. »

Un état voisin de l'indigence fut le partage des dernières années de la vie de Carmontelle, et l'avait réduit à mettre en dépôt au Mont-de-Piété, les fruits de ses veilles et de ses observations en nantissement d'une somme d'argent indispensable pour subvenir à ses besoins. Il remplissait avant la révolution la place de lecteur du duc d'Orléans, et comme il passait pour fécond en ressources dans l'art d'embellir les fêtes, ce prince l'avait choisi pour ordonner celles que ses richesses lui donnaient les moyens de créer. Carmontelle joignait les talents de l'esprit à la noblesse des sentiments et de la probité. Voici la liste de nombreux ouvrages qui ont eu le plus de vogue et de réputation :

I. *Proverbes dramatiques*, 6 volumes in-8°. Les Almanachs des spectacles des années 1774, 1775 et 1776, et le catalogue de la précieuse bibliothèque du duc de La Vallière, 2e partie, n° 18285, donnent la série de ces proverbes, dont le nombre s'élève à 82. On les trouve également dans le recueil général des *Proverbes Dramatiques*, imprimé à Londres en 1785, 16 volumes in-12 ; 24 nouveaux *Proverbes Dramatiques* et posthumes ont été imprimés chez Le Normand, et forment deux volumes in-8°. Carmontelle publia deux autres recueils de proverbes qui forment le VIIe et le VIIIe volume de l'édition de 1781. Voici le jugement qu'en porte le baron de Grimm, dans sa correspondance, (juillet 1781, tome XI, page 314) : « On vient de nous donner les tomes VII et VIII des proverbes de M. de Carmontelle. Ces deux volumes contiennent encore une vingtaine de proverbes nouveaux, et dans ce nombre il en est bien peu où l'on ne trouve au moins quelques traits d'une scène, d'une situation ou d'un caractère vraiment comique. Si M. de Carmontelle avait eu l'esprit de son talent ; s'il avait su nourrir d'une réflexion plus fine et plus profonde les premières idées que la fécondité de son imagination ne cessa de lui offrir ; s'il s'était appliqué davantage à l'art d'écrire, il aurait pu enrichir notre théâtre de beaucoup d'excellents ouvrages. Il n'a donné et ne donnera jamais que des esquisses fort négligées ; mais telles qu'elles sont, la plupart de ces esquisses ne manquent ni d'invention ni d'originalité ; une de celles qui nous a paru en avoir le plus est *La Diète.* C'est un homme à qui les médecins et le régime ont tourné la tête, il se croit mort ; tout ce qu'il fait, tout ce qu'il dit pour s'entretenir de cette folle illusion, et tout ce qu'on imagine pour l'en tirer, est rempli de caractère, de naturel et de gaieté ; il attend le moment où l'on doit venir le chercher pour le porter à l'église. Je suis bien fâché, dit-il, d'avoir défendu les cloches, j'aurais entendu tout cela et je saurais quand on aurait fini. Persuadé que son convoi vient de passer, il s'ennuie d'être seul. "Ah mon dieu que je m'ennuie ! on a bien raison de dire dans l'autre monde qu'on s'ennuie comme un mort." »

II. Le théâtre du prince Clenerzow, traduit en français par le baron de Blening, Saxon ; deux volumes in-8°.

Nous empruntons le sentiment du baron de Grimm sur cet ouvrage : Carmontelle, dit-il, suppose que son Clénerzow est venu en France, et qu'il a très bien saisi nos ridicules ; et son traducteur saxon nous rend compte, dans une préface en forme de lettre, de toutes les observations critiques que le prince russe a faites, durant son séjour à Paris, sur nos meurs, nos usages, et surtout nos spectacles. On trouve de bonnes observations dans cette préface, mais il y a à choisir. Carmontelle n'a pas la présomption de croire que les pièces Clénerzowiennes puissent être jouées sur le théâtre ; mais il pense que les troupes de société qui se sont fort multipliées depuis quelques années, et dans lesquelles les gens du monde exercent leurs talents d'acteurs, seront bien aises d'avoir un certain nombre de pièces qu'elles puissent essayer d'après leur propre talent, au lieu que dans les pièces empruntées du théâtre français, un acteur ou une actrice de société n'oserait s'écarter de l'imitation servile du jeu des acteurs qui sont en possession de plaire au public, et la comparaison lui devient nécessairement préjudiciable.

III. Théâtre de campagne, 1775, 4 volumes in-8°. Ces deux derniers recueils renferment des comédies agréables, qu'une action plus développée pourrait rendre dignes de la scène française. Voici encore le sentiment de Grimm sur cet ouvrage. « Ces quatre gros volumes sont dédiés aux aimables sociétés de province, que l'auteur trouve très supérieures à celles de Paris, parce qu'on y sent bien mieux encore que dans cette malheureuse capitale, de quelle importance et de quelle utilité peuvent être les proverbes, pour le progrès des mœurs et pour le bonheur de la vie. On devine aisément qu'un nouveau recueil de comédies prétendues, ne peut être sorti que de la plume infatigable de l'auteur du Théâtre russe, des Amusements dramatiques, *etc.*, *etc.*, en un mot, de M. de

Carmontelle ; quelque inépuisable que soit la verve de ce célèbre écrivain, elle paraît un peu plus faible encore qu'à l'ordinaire dans ce dernier ouvrage ; il s'est persuadé qu'à force de faire des proverbes, on devait finir nécessairement par faire des comédies, et pour ainsi dire sans le vouloir, et sans y mettre beaucoup plus de façon. En conséquence, il s'est seulement attaché à étendre un peu ses plans, ou, pour parler avec plus de précision à les allonger. Tout ce qu'a produit une si noble ambition, c'est que le seul genre d'esprit qui avait fait le succès des premiers proverbes, se trouve noyé dans ces nouvelles pièces, au milieu d'un amas de paroles sans caractère et sans intérêt. Cependant, quelque dépourvues d'art et de vraisemblance que soient la plupart de ces compositions, il en est peu où l'on ne trouve une sorte d'invention, quelques aperçus comiques, quelques propos de caractère ou de condition, vrais et plaisants.

IV. Triomphe de l'amour sur les mœurs de ce siècle, ou Lettres du marquis de Murcin au commandeur de Saint-Brice, roman, 2 parties en 1 volume, 1777.

V. Conversations des gens du monde dans tous les temps de l'année, in-8°, 1786. Cet ouvrage devait paraître en *24* livraisons, et former 4 volumes ; il est resté incomplet. Les deux premières conversations, intitulées les Visites du jour de l'an, et la Promotion, offrent un tableau fidèle des coteries des gens du monde. Carmontelle y a recueilli, en un petit nombre de pages, ce que cinq ou six personnes douées du talent de plaire en société ont pu débiter de plus piquant en un jour ; et bien que les interlocuteurs n'aient cessé de parler, il ne reste rien de tout ce verbiage, *sunt verba et voces prætereaque nihil ;* qu'en reste-t-il souvent ? du vent. L'esprit du grand monde n'a pas beaucoup changé aujourd'hui, et pour surcroît de maux, la politique y a jeté comme un brandon de discorde, la dispute hautaine, mère des inimitiés et des dissensions.

Le Dictionnaire biographique de Chaudon et Delandine, dernière édition, fait un grand éloge des proverbes dramatiques de Carmontelle. Ce sont, y est-il dit, de petits drames remplis d'intérêt, de finesse, d'esprit d'observation et d'aperçus moraux. Le public a ratifié ce jugement l'estime qu'il leur a accordée.

Carmontelle est mort en 1806.

ANNEXE III

Proverbes et comédies posthumes de Carmontel [*sic*], précédés d'une Notice par la comtesse de Genlis, Paris, Ladvocat, 1825, p. I-VII.

NOTICE
SUR CARMONTEL[1].

Cette notice n'est point faite d'après des dictionnaires ou des biographies, presque toujours plus ou moins inexactes, et souvent même entièrement fausses : une personne qui, pendant quinze ans de sa vie, a vu sans interruption M. Carmontelle, soit à l'ancienne cour de Villers-Cotterêts, soit à Paris, se plaît à rendre à sa mémoire un juste tribut d'éloges ; car peindre son caractère, parler de sa conduite, de son esprit, de ses talents, ce sera le louer.

M. Carmontelle fut attaché à M. le duc d'Orléans en qualité de lecteur ; cette place, quoique honorable, était en quelque sorte subalterne, puisqu'elle ne donnait pas le droit de manger avec les princes, même à la campagne, mais bientôt M. Carmontelle fut particulièrement distingué, non-seulement du prince, mais de toutes les personnes aimables et spirituelles qui allaient à Villers-Cotterêts ; il avait beaucoup d'instruction, de la réserve sans embarras, une gaieté douce et piquante ; il joignait beaucoup de bonhomie à l'esprit le plus observateur, deux choses bien rarement réunies ; c'est qu'il observait, non par malignité,

[1] Carmontelle était né à Paris, le 25 août 1717.

mais par curiosité, pour connaître le monde et le cœur humain, et cette étude est surtout fructueuse, lorsqu'elle est faite sans aucune morosité ; il peignait parfaitement à la gouache le paysage et la figure ; ses tableaux étaient plus grands que la miniature, mais beaucoup moins que ce qu'on appelle demi-nature ; il lisait tout haut les comédies véritablement plaisantes d'une manière si remarquable que M. le duc d'Orléans voulut le faire entendre dans la société ; il lut dans le salon avec le plus grand succès *Le Bourgeois gentilhomme* de Molière, ce qui fit penser qu'il jouerait parfaitement la comédie ; mais il assura qu'il jouerait sans aucun naturel un rôle appris par cœur, et il proposa de jouer de petites comédies impromptu dont il donnerait les canevas, ce qui se pratiquait dès lors à la Comédie-italienne ; l'offre fut acceptée. Carmontelle prit toujours pour base de ses petites pièces un proverbe qu'il mettait en action avec un art infini et un naturel charmant[2].

Il ne manquait jamais de placer dans ces pièces un rôle qu'il se réservait, celui d'un mari à la fois avare, amoureux, jaloux, et bourru ; ce caractère original rempli de nuances et de traits piquants, formait un rôle d'autant plus difficile, que le Théâtre-Français n'offrait à cet égard aucun modèle. M. Carmontelle représentait ce personnage avec une vérité, une perfection, qui lui en assurait le privilège exclusif, car personne alors dans la société n'aurait consenti à se charger de ce singulier rôle ; ce fut ainsi qu'il mit les proverbes à la mode et qu'il finit par faire imprimer les siens.

Il ne faut point chercher le style et le mérite d'écrivain dans ces petites compositions ; cependant elles sont en général correctement écrites, il semble même qu'un style

---

[2] Cette idée n'était point de son invention ; très longtemps avant Carmontelle, une personne nommée Mme. Durand avait fait imprimer un petit recueil de *Proverbes dramatiques*, mais qui tomba promptement dans l'oubli, parce que toutes ces petites pièces étaient de la plus grande insipidité.

plus élégant et plus recherché nuirait à leur effet principal, en leur ôtant l'illusion qu'elles produisent, et le charme de naturel qu'on y trouve toujours ; l'auteur ne les a point faites pour être apprises par cœur, il voulait au contraire qu'on les jouât de tête, en prenant seulement les plans et les caractères qui sont toujours frappants et supérieurement dessinés. Je ne connais point d'auteur qui ait mieux peint le monde et le ton des gens qui le composent ; sous ce rapport, ce recueil sera toujours précieux aux yeux de tous ceux qui veulent avoir une idée juste d'une partie de la société du dix-huitième siècle.

Ainsi que le docteur Tronchin, M. Carmontelle jouissait à Villers-Cotterêts de la distinction de venir tous les soirs prendre des glaces avec le prince et toutes les personnes de sa cour, mais Tronchin ne passait jamais que deux ou trois jours de suite à Villers-Cotterêts, et M. Carmontelle y était établi à demeure pour toute la belle saison ; non seulement il écoutait la conversation, mais il y prenait part, et toujours d'une manière intéressante : on aimait à causer avec lui, on désirait son suffrage ; c'est dans le monde l'espèce de louange la plus flatteuse, on ne l'obtient constamment que par le mérite personnel, les agréments de l'esprit, l'indulgence et la bonté. En outre, M. Carmontelle avait des rapports directs avec tous ceux qui arrivaient à Villers-Cotterêts ; il faisait leur portrait, il en donnait quelquefois des copies, mais il gardait les originaux, dont il formait la plus curieuse collection ; il a eu depuis l'idée de faire sur du papier transparent une espèce de lanterne magique toute composée de jolies scènes d'invention, représentées dans de charmants paysages[3]. Enfin ces proverbes, que l'on

[3] À mon retour en France, Carmontelle, qui vivait encore, vint me voir souvent à l'Arsenal, et me montra cette sorte de lanterne magique si originale et de l'effet le plus agréable ; il était alors en marché pour la vendre très avantageusement en Russie ; j'ignore ce qu'elle est devenue.

jouait presque tous les soirs après souper, lui procuraient des liaisons intimes avec plusieurs personnes de la société auxquelles il apprenait à les jouer[4].

M. Carmontelle fut aussi heureux qu'il méritait de l'être : il eut des amis, un grand nombre d'admirateurs ; son caractère était si doux, ses mœurs si pures, ses talents si aimables, qu'il n'excita jamais la haine et l'envie. Il jouissait d'une honnête aisance, il fut toujours loué, aimé, considéré ; et, dans un âge très avancé, il termina paisiblement ses jours au sein de sa patrie[5].

C. DE GENLIS

[4] Comme je l'ai dit, il se chargeait toujours du rôle des maris bourrus ; un soir le duc d'York, frère du feu roi d'Angleterre, s'écria, en le voyant jouer : *Cela est si parfait, que si cet homme-là veut se marier, il ne trouvera jamais une femme.*

[5] Il est mort le 26 décembre 1806.

REMERCIEMENTS

Cette édition est redevable aux travaux de Valentina Ponzetto et de Camille Chollet ; nous adressons nos remerciements à Esther Pinon et à Florence Naugrette, ainsi qu'à Olivier Millet, à l'origine de ce projet.

BIBLIOGRAPHIE

SOURCES PRIMAIRES[1]

CARMONTELLE, *Proverbes dramatiques. Tome premier. Première [-seconde] partie [.-Tome second. Troisième-quatrième partie]*, Paris, chez Merlin. M.DCC.

CARMONTELLE, *Proverbes dramatiques ou amusements de société*, S. Jorry, 1769, 2 volumes.

CARMONTELLE, *Amusements de société, ou Proverbes dramatiques*, Paris, chez Sébastien Jorry, 1769, 4 parties en 2 vol.

CARMONTELLE, *Amusements de société ou proverbes dramatiques*, Amsterdam, 1770.

CARMONTELLE, *Proverbes dramatiques. Seconde édition. Tome troisième. Cinquième [-sixième] partie [.-Tome quatrième. Septième [-huitième] partie]*, Paris, Sébastien Jorry. Le Jay, 1771, 4 parties en 2 vol.

CARMONTELLE, *Théâtre du prince Clénerzow, russe, traduit en français par le baron de Blening, saxon*, Paris, S. Jorry, 1771.

CARMONTELLE, *Proverbes dramatiques*, Paris, Lejay, 1773, 6 volumes. NUMS-100373722, NUMM-9786916, NUMM-9786524, NUMM-9786322.

CARMONTELLE, *Le Triomphe de l'amour sur les mœurs de ce siècle, ou Lettres du marquis de Murcin au commandeur de Saint-Brice*, Amsterdam, Paris, Musier fils, 1773.

[1] Nous n'indiquons pas les éditions séparées de proverbes.

CARMONTELLE, *Jardin de Monceau, près de Paris, appartenant à S.A.S. Mgr le duc de Chartres (texte et planches de Carmontelle)*, Paris, Delafosse, 1773.

CARMONTELLE, *Jardin de Monceau, près de Paris…, Paris, L. Jorry, s.d. (prospectus du précédent).*

CARMONTELLE, *Proverbes dramatiques*, Paris, Lejay, 1774, Tomes I à III (Proverbes 1 à 82).

CARMONTELLE, *Proverbes dramatiques*, Paris, Lejay, 1774, Tomes I à IV (Proverbes 1 à 59). NUMM-9787266 à NUMM-9787269.

CARMONTELLE, *Théâtre de campagne*, Paris, Ruault, 1775.

CARMONTELLE, *Coup de patte sur le salon de 1779, dialogue ; précédé et suivi de réflexions sur la peinture*, À Athènes, Et se trouve à Paris, Chez Cailleau, Imprimeur-Libraire, rue Saint-Séverin, 1779.

CARMONTELLE, *La Patte de velours, pour servir de suite à la seconde édition du « Coup de patte » ; ouvrage concernant le Salon de Peinture. Année 1781*, À Londres, et se trouve à Paris, chez Cailleau, imprimeur-libraire, rue Saint-Séverin. [1781].

CARMONTELLE, *Proverbes dramatiques*, Paris, Lejay, 1774-1781, 8 vol.

CARMONTELLE, *Proverbes dramatiques*, Amsterdam, Paris, Laporte et Esprit, 1781, 2 volumes.

CARMONTELLE, *L'Abbé de plâtre, comédie, en un acte, en prose*, Paris, Thomas Brunet, 1781.

CARMONTELLE, *Le Triumvirat des arts, ou Dialogue entre un peintre, un musicien et un poète, sur les tableaux exposés au Louvre. Année 1783. Pour servir de continuation au Coup de patte et à la Patte de velours*, Aux Antipodes [i. e. Paris. 1783].

CARMONTELLE, *Amusements de société, ou Proverbes dramatiques.* Tome premier [-VI], Neuchatel, de l'imprimerie de la Société typographique, 1783.

CARMONTELLE, *Proverbes dramatiques*. Deuxième Édition. Tome premier [-sixième], Versailles, chez Poinçot. Et à Paris, chez Mérigot jeune. Nyon jeune. La Porte. Belin. De Saine, 1783.

CARMONTELLE, *Le Frondeur, ou Dialogues sur le salon par l'auteur du Coup-de-patte & du Triumvirat*, [S.l.], 1785.

CARMONTELLE, *Conversations des gens du monde dans tous les temps de l'année*, Paris, Impr. polytype et chez les marchands de nouveautés, 1786.

CARMONTELLE, *Mémoire sur les tableaux transparents du Citoyen Carmontelle*, An III de la liberté, Paris, bibliothèque de l'Institut National d'Histoire de l'Art (INHA), https://bibliotheque-numerique.inha.fr/collection/item/16611-memoire-sur-les-tableaux-transparents-du-citoyen-carmontelle (consulté le 20/10/2023).

CARMONTELLE, *Nouveaux proverbes dramatiques*, Paris, Le Normant, 1811, 2 vol.

CARMONTELLE, *Proverbes dramatiques de Carmontelle, précédés de la vie de Carmontelle, d'une dissertation historique et morale sur les proverbes par C. de Méry*, Paris, Delongchamps, 1822, 4 volumes.

CARMONTELLE, *Proverbes et comédies posthumes de Carmontel (sic)*, précédés d'une notice par Mme la Comtesse de Genlis, Paris, Ladvocat, 1825, 3 volumes.

CARMONTELLE, *Les Femmes*, roman dialogué de Carmontelle avec un avant-propos par M. Picard Paris, Delongchamps, 1825.

CARMONTELLE, *Proverbes et comédies posthumes de Carmontel (sic)*, précédés d'une notice par Mme la Comtesse de Genlis, Paris, Ladvocat, 1825, 3 volumes.

CARMONTELLE, *Proverbes dramatiques, Théâtre du XVIIIe siècle*, II, textes choisis, établis, présentés et annotés par Jacques Truchet, Paris, Gallimard, coll. « Bibliothèque de la Pléiade », 1974.

M***, Mme la Ctesse de (Murat), *Voyage de campagne. Comédies en proverbes*, par Catherine Bédacier, née Durand, Paris, Vve de C. Barbin, 1699.

Anonyme, *Choix de douze proverbes dramatiques qui ont été représentés aux théâtres français à La Haye et à Amsterdam depuis peu*, La Haye, Constapel, 1780.

Anonyme, *Recueil général des proverbes dramatiques en vers et en prose, tant imprimés que manuscrits*, Londres, Paris, chez les libraires qui vendent les nouveautés, 1785.

Anonyme ou Rion, Adolphe, *Vingt-cinq proverbes dramatiques [Texte imprimé] : À bon chat, bon rat, La statue, La veuve avare, La marchande de cerises, La brebis entre deux loups, Le valet de chambre* / Carmontelle, Nouvelle édition / publiée par Ad. Rion, Paris : chez tous les libraires, 1878. Collection : Le Théâtre ; n° 39 NUMM-5780100.

Anonyme ou Rion, Adolphe, *Vingt-cinq proverbes dramatiques : Les voyageurs, L'uniforme de campagne, La tricherie, Plus heureux que sage, Un peu d'aide fait grand bien ou Le seigneur auteur, Avec les fripons tout à perdre ou Le marchand de bijoux* / Carmontelle, Nouvelle édition / publiée par A. Rion, Paris : chez tous les libraires, 1878, Collection : Le Théâtre ; n° 40 NUMM-5781330.

Anonyme ou Rion, Adolphe, *Vingt-cinq proverbes dramatiques : Janot, Ça n'est pas, Le sourd, Les amants chiens, La veuve embarrassée* / Carmontelle, Nouvelle édition / publiée par Ad. Rion, Paris : chez tous les libraires, 1878, Collection : Le Théâtre ; n° 41, NUMM-5781331.

Anonyme ou Rion, Adolphe, *Vingt-cinq proverbes dramatiques : Le café borgne ; L'innocence sauvée ; Le legs ; Le muet ; Les deux filous ; Le chanoine de Reims ; Le fripon orgueilleux ; Plus de peur que de mal* / Carmontelle, Nouvelle édition / publiée par Ad. Rion, Paris : chez tous les librairies, 1878, Le Théâtre ; n° 42 NUMM-5781332.

Anonyme, *Proverbes dramatiques…* [Aquarelles originales

de l'auteur.] / Carmontelle, Paris, Cent femmes amies des livres, 1933-1937. – 2 t. en 3 vol., Comprend : 1. [Introduction de Gustave Macon.] – 1933. – 207 p., [40] ill. et portrait de l'auteur en coul. [D. L. 6500-48] ; 2. [Introduction de Jean Stern.] – 1937. – [IV-] 185 p., [63] ill. en coul. [D. L. 6501-48], (L'achevé d'imprimer porte : 1947.) ; 2bis. [Deux suites des 63 gravures du t. 2, l'une en camaïeu, l'autre en couleurs.] [Don 2137-2138-69]. Note(s) : Pierre Bouchet et Georges Beltrand ont interprété en gravures sur bois les aquarelles originales de Carmontelle conservées au Musée Condé à Chantilly.

THOMAS, Louis, *Comédies et proverbes*, choisis par Louis Thomas / Carmontelle, Paris, Aux armes de France, 1941.

L'auteur avantageux, proverbe. [Émission radiophonique] [Document d'archives] / Carmontelle, [1940] Première diffusion : (France) (France) Radiodiffusion française, 19400119.

ANONYME, *Malheur aux tragiques : tragédies burlesques*, [Paris] (5 rue Rebeval, 75019) : Mercure compagnie, 1997, Note(s) : Adaptation de : *Alménorade* de Carmontelle, *Cocatrix* de Charles Collé, *La nouvelle Messaline* de Grandval fils, *La Récitation* d'Arthalie de Frédéric Nollet, *Le Moine bleu* de Charles Cros, Germain Nouveau, Nina de Villards et Jean Richepin, *La Disgrâce* de Racine de Yak Rivais, *Les Fureurs de l'amour* de M. R.

SOURCES SECONDAIRES

ARGENSON, Antoine-René de Voyer (marquis de Paulmy d') et CONTANT D'ORVILLE, André-Guillaume, *Mélanges tirés d'une grande bibliothèque…* Paris, 1779-1788, 68 tomes en 58 vol. in-8°. *Volume 2 : Manuel des châteaux ou Lettres contenant des conseils pour former une bibliothèque romanesque, pour diriger une comédie de société, et pour diversifier les plaisirs d'un salon*, également appelé *Manuel des sociétés qui font leur amusement de jouer la comédie ou Catalogue raisonné de toutes les tragédies, comédies des théâtres français et italien, actes d'opéra, opéras comiques, pièces à ariettes et proverbes qui peuvent facilement se représenter sur les théâtres particuliers* encore appelé *Étrennes aux sociétés…*

AUGUSTIN-THIERRY, A., *Trois Amuseurs d'autrefois : Paradis de Moncrif, Carmontelle, Charles Collé*, Paris, Plon-Nourrit, 1924.

BERETTA, Alain, « L'évolution d'un genre dramatique. Le Proverbe, de Carmontelle à Musset », *Ruptures et continuité. Des Lumières au symbolisme. Actes du colloque de Besançon des 18-20 décembre 2002*, recueillis et publiés par France Marchal-Ninosque, Presses Universitaires de Nancy, 2004, p. 175-186.

BRENNER, Clarence D., *Le Développement du proverbe dramatique en France et sa vogue au XVIIIe siècle*, Berkeley and Los Angeles, University of California Press, coll. « University of California Publications in Modern Philology », vol. XX, n° 1, 1937, p. 1-56.

CHATEL DE BRANCION, Laurence, *Carmontelle au jardin des illusions*, préf. de Gabriel de Broglie ; avant-propos, Nicole Garnier, Saint-Rémy-en-l'Eau, Monelle Hayot, 2003.

CHATEL DE BRANCION, Laurence, *Le Cinéma au siècle des Lumières*, Saint-Rémy-en-l'Eau, M. Hayot, 2007.

CHOLLET, Camille, « Carmontelle, un théâtre du dérisoire » dans *Journée des doctorants 2016*, organisée par Guillaume Cousin et Sophia Mehrbrey à l'Université de Rouen le 18 mai 2016, © Publications numériques du CÉRÉdI, « Séminaires de recherche », n° 10, 2016. URL : http://publis-shs.univ-rouen.fr/ceredi/index.php?id=246.

COLLÉ, Charles, *Journal et mémoires de Charles Collé : sur les hommes de lettres… du règne de Louis XV, 1748-177…, par*

Honoré Bonhomme, Nouvelle éd. augm. de fragments inédits recueillis dans le ms. de la Bibliothèque impériale du Louvre…, Paris, Firmin-Didot frères et fils et Cie, 1868.

DONNARD, Jean-Hervé, *Le Théâtre de Carmontelle*, Paris, Armand Colin, 1967.

GARNIER-PELLE, Nicole, *Carmontelle : ou le temps de la douceur de vivre* : [exposition, Chantilly, Musée Condé, 5 septembre 2020-3 janvier 2021], Dijon : Éditions Faton ; Chantilly : Domaine de Chantilly ; [Paris] : Institut de France, 2020.

GRUYER, François-Anatole, *Les Portraits de Carmontelle : Chantilly*, Paris : Plon-Nourrit, 1902.

KLEIN, Charles-Armand, *Carmontelle : le maître des plaisirs*, Nice, Éditions Campanile, 2021.

LEDDA, Sylvain, *Musset, ou le Ravissement du proverbe*, Paris, PUF, 2013.

LEDDA, Sylvain, « Musset et le proverbe : écriture et structure », *Styles, genres, auteurs*, Sandrine Hériché-Pradeau et Antoine Gautier (dir.), Presses Universitaires de Paris-Sorbonne, 2012.

LEDDA, Sylvain « Notes sur la poétique du proverbe à l'époque romantique » *in Théâtres en liberté du XVIIIe au XXe siècle. Genres nouveaux, scènes marginales ?*, Actes du colloque international organisé les 31 mai et 1er juin 2013 par Valentina Ponzetto à l'Université de Genève avec le soutien du Fonds National de la recherche Suisse ; publiés sous la direction de Valentina Ponzetto (FNS / Université de Lausanne) avec la collaboration de Sylvain Ledda (CÉRÉdI – EA 3229). (c) Publications numériques du CÉRÉdI, « Actes de colloques et journées d'étude (ISSN 1775-4054) », nº 19, 2017. URL : http://ceredi.labos.univ-rouen.fr/public/?notes-sur-la-poetique-du-proverbe.html (consulté le 23/10/2023).

LESTRINGANT, Frank, « *Proverbes dramatiques* de Carmontelle », dans *Théâtres en liberté du XVIIIe au XXe siècle. Genres nouveaux, scènes marginales ?*, Actes du colloque international organisé les 31 mai et 1er juin 2013 par Valentina Ponzetto à l'Université de Genève avec le soutien du Fonds National de la recherche Suisse ; publiés sous la direction de Valentina Ponzetto (FNS / Université de Lausanne) avec la collaboration de Sylvain Ledda (CÉRÉdI – EA 3229) © *Publications numériques du CÉRÉdI*, « Actes de colloques et journées d'étude », n° 19, 2017 URL : http://ceredi.labos.univ-rouen.fr/public/?proverbes-dramatiques-de.html (consulté le 23/10/2023).

LILTI, Antoine, *Le Monde des salons : sociabilité et mondanité à Paris au XVIIIe siècle*, Paris, Fayard, 2005.

LUNDLIE, Marshall Owen, « Deux précurseurs de Carmontelle : la comtesse de Murat et Mme Durand », *Revue d'Histoire littéraire de la France*, 1969, p. 1017-1020.

MUSÉE DU LOUVRE (PARIS). DÉPARTEMENT DES ARTS GRAPHIQUES, *Le Transparent des campagnes de France : Louis Carrogis, dit Carmontelle* / Département des arts graphiques ; [rédigé par] Xavier Salmon, Paris, Somogy éditions d'art, Louvre éditions, 2018.

PLAGNOL-DIÉVAL, Marie-Emmanuelle, « Carmontelle : du salon à l'écriture ou entre conversation et théâtre », *De la conversation au conservatoire. Scénographies des genres mineurs (1680-1780)*, sous la direction d'Aurélie Zygel-Basso et Kim Gladu, Paris, Hermann, 2014, p. 301-320.

PLAGNOL-DIÉVAL, Marie-Emmanuelle, « Le personnage de l'amant malgré lui chez Marivaux, Carmontelle et Musset », *Revue d'Histoire Littéraire de la France*, janvier 2006, n° 1, p. 37-46.

PLAGNOL-DIÉVAL, Marie-Emmanuelle, *Le Théâtre de société : un autre théâtre ?*, Paris, Éditions Honoré Champion, 2003.

PLAGNOL-DIÉVAL, Marie-Emmanuelle, « Éditer le théâtre de société : le cas de Carmontelle », *Travaux de Littérature, Adirel, Les Écrivains-éditeurs du Moyen-Âge à la fin de l'Ancien Régime*, sous la direction de F. Bessire, Droz, Genève, XIV, 2001, p. 321-344.

PLAGNOL-DIÉVAL, Marie-Emmanuelle, « Le théâtre de Carmontelle : jeux de miroir et jeu de société », *Revue d'Histoire du Théâtre*, 1997, n° 2, p. 163-178.

PLAGNOL-DIÉVAL, Marie-Emmanuelle, « L'étranger en bien et en mal sur les scènes privées de la fin du XVIIIe siècle », *Le Même et l'autre, Regards européens*, collection Littérature, Ouvrage collectif sous la direction d'Alain Montandon, Centre de Recherches sur les Littératures Modernes et Contemporaines, Association des Publications de la Faculté des Lettres et Sciences humaines de Clermont-Ferrand, 1997, p. 143-166.

PLAGNOL-DIÉVAL, Marie-Emmanuelle et QUÉRO, Dominique (dir.), *Les Théâtres de société au XVIII*e *siècle*, « Études sur le XVIIIe siècle », Bruxelles, Éditions de l'Université de Bruxelles, 2005.

PONZETTO, Valentina et RUIMI, Jennifer, *Théâtre de société réseaux de sociabilité et représentations de la société*, Valentina Ponzetto et Jennifer Ruimi (eds), *Revue Études de lettres* 317, Université de Lausanne, Lausanne, 2022.

PONZETTO, Valentina et RUIMI, Jennifer, *Espaces des théâtres de société : définitions, enjeux, postérité*, avec la collaboration de Christophe Schuwey, Rennes : Presses universitaires de Rennes, DL 2020.

PONZETTO, Valentina, « Définitions et modes d'emploi du proverbe. Entre discours paratextuels et représentations métathéâtrales » *in Théâtres en liberté du XVIII*e *au XX*e *siècle. Genres nouveaux, scènes marginales ?*, Actes du colloque international organisé les 31 mai et 1er juin 2013 par Valentina Ponzetto à l'Université de Genève avec le soutien du Fonds National de la recherche Suisse ; publiés sous la direction de Valentina Ponzetto (FNS / Université de Lausanne) avec la collaboration de Sylvain Ledda (CÉRÉdI – EA 3229).

(c) Publications numériques du CÉRÉdI, « Actes de colloques et journées d'étude (ISSN 1775-4054) », n° 19, 2017. URL : http://ceredi.labos.univ-rouen.fr/public/?definitions-et-modes-d-emploi-du.html (consulté le 23/10/2023).

PONZETTO, Valentina, « Proverbes et transparents. Les théâtres d'ombre de Carmontelle », in Clara Leri dir., *Metamorfosi del Lumi 7 : il corpo, l'ombra, l'eco*, Torino, Academia University Press, 2014, p. 144-163.

ROUSSET-CHARNY, Gérard ; LAVIT, Jean-Georges et DE LANNOY, Isabelle (dir.), *Jardins en Ile de France dessins d'Oudry à Carmontelle. Collection du cabinet des dessins du Musée de l'Île-de-France*, Musée de l'Ile-de-France / Château de Sceaux, 1992.

YON, Jean-Claude et LE GONIDEC, Nathalie, *Tréteaux et paravents : le théâtre de société au XIX*e *siècle*, sous la direction de Jean-Claude Yon et Nathalie Le Gonidec, Paris, Créaphis éditions, 2012.

TABLE DES MATIÈRES

IMPRIM'VERT®

Achevé d'imprimer par Corlet,
Condé-en-Normandie (Calvados),
en Décembre 2023
N° d'impression : 183017 - dépôt légal : Décembre 2023
Imprimé en France

SOCIÉTÉ DES TEXTES FRANÇAIS MODERNES (S.T.F.M.)

À côté des grands noms de la littérature (Ronsard, Corneille, Voltaire ou Chateaubriand) et des œuvres majeures, des collections (Du Bellay, Rotrou, Saint-Evremond, Scarron, Tristan l'Hermite), des auteurs moins connus (Angot de l'Éperonnière, Boindin ou Mareschal) et de nombreux textes rares, souvent en première édition moderne, les textes publiés par la STFM offrent le panorama le plus riche et le plus varié de la littérature française de la Renaissance à l'époque moderne.

Classiques Garnier en imprime et diffuse les volumes.

Retrouvez tous les titres de la STFM en scannant ce code QR :

Et pour recevoir nos dernières actualités, abonnez-vous ici :